«Non, Watson, cette affaire n'est pas réglée ! Le fait est qu'il existe une sérieuse faille dans cette fameuse preuve : je sais que cette empreinte n'était pas là quand j'ai examiné le vestibule hier.»

L'Entrepreneur de Norwood

«Le chien renifla et, avec un grognement d'excitation, tira sur sa laisse.»

Le Trois-Quart disparu

«La victime avait une très bonne vue. Il n'y a aucun doute que ce pince-nez a été arraché au visage de l'assassin.»

Le Pince-nez en or

«C'était un formidable harpon barbelé.»

Peter le noir

«Vous voyez cette tache de sang sur le tapis.
Eh bien, il y a une deuxième tache sur
le plancher, mais elle ne correspond pas avec la première.»

La Deuxième Tache

«C'est un problème à résoudre en trois pipes et je vous prie de ne pas me parler pendant cinquante minutes.»

La Ligue des Rouquins

«Ce que j'attends de vous, c'est le récit exact de ce qui s'est passé la nuit dernière.»

Le Manoir de l'Abbaye

Journaliste, essayiste, historien, Bernard Oudin s'est spécialisé dans l'histoire du début du XXe siècle. Il est notamment l'auteur d'une biographie d'Aristide Briand et de *Villa, Zapata et le Mexique en feu* paru dans la collection «Découvertes». Il s'est également intéressé à l'histoire des faits divers et a publié *Le Crime et l'Argent* et *Grandes Enigmes criminelles*. Il est membre de la Société Sherlock Holmes de France et de la Sherlock Holmes Society of London.

Dépôt légal : novembre 1997
Numéro d'édition : 81250
ISBN : 2-07-053412-X
Imprimerie Kapp Lahure Jombart, à Evreux

ENQUÊTE SUR SHERLOCK HOLMES

Bernard Oudin

DÉCOUVERTES GALLIMARD
LITTÉRATURE

Incarnation de l'Angleterre victorienne, silhouette sortie des brouillards de Londres au tournant du siècle, *British* jusqu'au bout des ongles, Sherlock Holmes n'en est que plus universel. Franklin Roosevelt, président des Etats-Unis pendant la guerre, était membre d'un club holmésien. A Berlin en 1945, les Russes trouvèrent dans le bunker d'Hitler deux films ayant Sherlock Holmes pour héros...

CHAPITRE PREMIER
NAISSANCE D'UN PERSONNAGE

C'est à son héros qu'Arthur Conan Doyle (page de gauche) doit d'être devenu un écrivain célèbre. Pourtant, la parution, en 1887, de la première aventure de Sherlock Holmes, *A Study in Scarlet*, était passée presque inaperçue.

Arthur est le second fils de Charles Doyle (ci-dessous, avec l'enfant âgé de six ans). A quatorze ans, il a déjà atteint une taille de géant (ci-contre, debout, avec l'équipe de cricket de son collège).

Omniprésent dans les bibliothèques et sur les écrans du monde entier, sa célébrité a pris les formes les plus variées et les plus insolites. Des statues lui ont été élevées en Suisse et au Japon, des timbres émis à son effigie par le Nicaragua et la république islamique des Comores. Personne n'a su expliquer les raisons d'un engouement aussi général et aussi durable pour ce personnage. Son créateur moins que quiconque. Mais ce créateur, qui était-il?

Un jeune médecin d'origine irlandaise

Rien ne prédisposait Arthur Conan Doyle à devenir homme de lettres. Le seul don familial dont il aurait pu hériter était celui du dessin : son grand-père, John Doyle, avait été un caricaturiste célèbre, son oncle Richard

était illustrateur au *Punch* et son père, Charles Doyle, fonctionnaire, dessinait en amateur et illustra la première édition d'*Une étude en rouge*.

La famille est d'origine irlandaise et catholique. Hasards de la carrière paternelle, Arthur naît et fait ses études à Edimbourg, mais il n'est pas Ecossais, comme on le croit souvent. A sa naissance, le 22 mai 1859, il reçoit le nom patronymique de Conan Doyle. Pourquoi Conan, qui n'est ni le nom de sa lignée paternelle, ni celui de sa mère? Il s'agit en fait du patronyme de son parrain, son grand-oncle Michael Conan.

Arthur fait ses études secondaires à Stonyhurst, dans le Lancashire, une *public school* tenue par des jésuites. Il y reçoit une éducation spartiate dont il gardera un souvenir exécrable et qui contribuera à l'écarter de la religion. Très vite, ce jeune colosse de 1,90 mètre cherche un exutoire à sa force physique et à son tempérament aventureux. A peine a-t-il commencé ses études de médecine qu'à vingt et un ans il s'engage sur un baleinier et passe sept mois dans les mers arctiques comme chirurgien du bord. C'est le premier, et pas le moindre, de ses nombreux voyages. Il aime tous les sports, le cricket, la boxe et même le ski, qu'il sera l'un des premiers à pratiquer en Suisse.

En 1880, le jeune Conan Doyle (troisième à partir de la gauche) embarque à bord du baleinier *Hope*.

Doué pour le dessin mais incapable d'en tirer parti, Charles Doyle, le père d'Arthur, fit une modeste carrière de fonctionnaire avant de finir ses jours dans une institution, pour alcoolisme et troubles mentaux. Il mourut en octobre 1893. Détail qui intéressera les psychanalystes, un mois plus tard, son fils faisait mourir Sherlock Holmes dans *Le Problème final*.

Conan Doyle a souvent évoqué ce qu'il devait à son professeur Joseph Bell (1837-1911), dont les facultés déductives étonnaient ses élèves. Il raconte dans ses mémoires une anecdote significative. En présence d'un inconnu venu le consulter, le docteur Bell affirme que cet homme avait servi dans l'armée dont il avait été libéré depuis peu. Pourquoi ? Parce que, quoique très poli, il n'avait pas ôté son chapeau. Or, on ne se découvre pas dans l'armée. Mais s'il avait été libéré depuis longtemps, il se serait conformé aux usages civils. Conan Doyle ajoute : « A tous les Watson qui formaient son auditoire, ce qui avait semblé miraculeux devenait tout de suite assez simple. Il n'est pas étonnant que, pour avoir vu de près un pareil homme, j'aie utilisé son système quand j'ai essayé de créer un détective scientifique qui résout les problèmes par ses propres moyens. » En 1892, il dédie à Joseph Bell le recueil des *Aventures de Sherlock Holmes.*

Pendant ses études, il fait une rencontre qui aura sur sa carrière des prolongements inattendus. Le professeur Joseph Bell, qui enseignait la chirurgie, était réputé pour la fiabilité de ses diagnostics. Mais ceux-ci ne se limitaient pas à la maladie. Bell était capable, à partir d'un détail du comportement, de la démarche ou du vêtement, ou encore d'une callosité de la peau, de deviner l'origine et la profession de ses malades. Conan Doyle eut alors une réflexion dont il ne pouvait imaginer les développements : un détective qui posséderait de tels dons serait imbattable à la chasse aux criminels... Mais à cette époque il ne songe pas à la littérature – ou si peu : quelques nouvelles publiées çà et là, pour se distraire.

Ses études achevées, il ouvre un cabinet à Southsea, près de Portsmouth. En 1885, il épouse Louise Hawkins, la sœur d'un de ses malades. Hélas, ceux-ci se font rares. Le jeune praticien est dans la gêne, d'autant qu'il a bientôt un, puis deux enfants, que sa femme est tuberculeuse et qu'il lui faut aider un de ses frères. Pour le bonheur de ses futurs lecteurs, l'inaction et la nécessité vont pousser Conan Doyle à écrire.

Un premier roman, *The Firm of Girdlestone*, ne trouve pas d'éditeur. Un second manque de subir le même sort. Et pourtant il s'agit d'*Une étude en rouge (A Study in Scarlet)*...

Ecrit en 1886, *Une étude en rouge* essuie le refus de plusieurs éditeurs avant que la maison Ward, Lock & Cie en achète les droits pour la somme de... 25 livres! Le seul regret de Conan Doyle fut de ne pas avoir conservé des exemplaires de cette première édition : un jour, ils vaudraient une fortune. En attendant, le livre, paru en 1887, passe inaperçu. Conan Doyle se tourne alors vers le roman historique et son œuvre suivante, *Micah Clarke*, obtient un succès honorable.

L'influence d'Edgar Poe (ci-dessus) sur Conan Doyle a été controversée. On ne peut nier que certains traits de Holmes rappellent Dupin, le héros de Poe, capable lui aussi de deviner le cheminement des pensées d'un interlocuteur en suivant son regard. Pourtant Conan Doyle prête à Holmes des propos méprisants à l'égard de son devancier. A gauche, Conan Doyle et sa femme Louise sur un extravagant tricycle de marque Excelsior, dans les années 1890.

Sherlock Holmes est-il promis à une mort prématurée? Non. Car, à défaut des Anglais, les Américains ont apprécié *Une étude en rouge*. En 1889, Stoddart, l'agent à Londres de l'éditeur new-yorkais Lippincott, réunit à dîner deux auteurs et leur demande des livres à paraître dans le *Lippincott's Magazine*. Belle intuition : ces deux hommes sont Arthur Conan Doyle et Oscar Wilde et leurs romans, *Le Signe des Quatre* et *Le Portrait de Dorian Gray*...

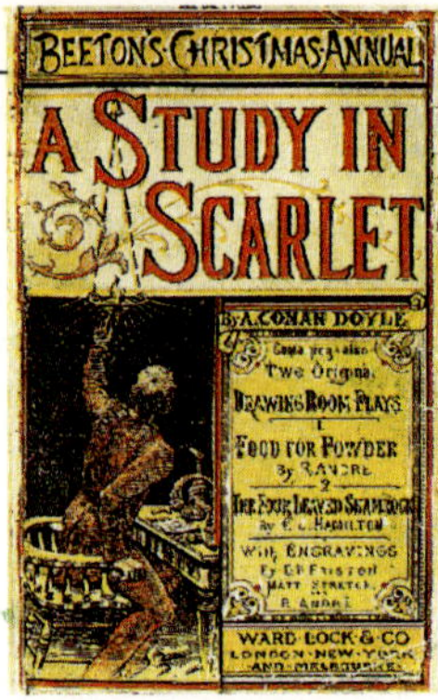

Une étude en rouge, qui n'eut guère de succès lors de sa parution, avait été publié sous forme de livre. Ceci expliquant peut-être cela. Pour *Le Signe des Quatre*, l'éditeur américain prit pour support de la publication le *Lippincott's Monthly Magazine*, une formule qui, à l'époque, avait la faveur du public.

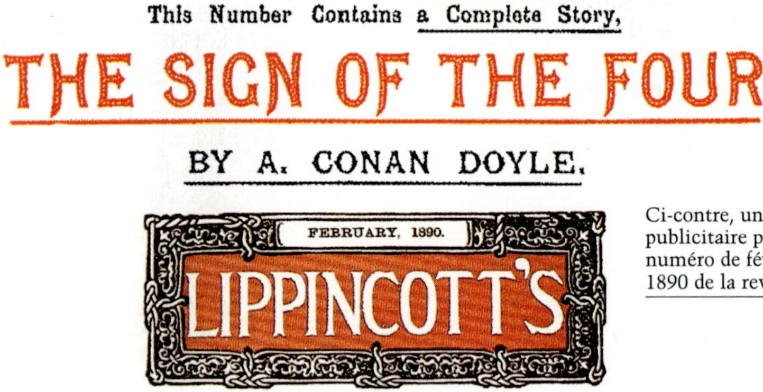

Ci-contre, un placard publicitaire pour le numéro de février 1890 de la revue.

Le succès vient de la presse

Pourtant, ce n'est pas encore le succès. Il faut attendre 1891, une année charnière pour Conan Doyle. Après l'éphémère ouverture d'un cabinet à Londres, il renonce à la médecine pour se consacrer pleinement à la littérature. La même année, en janvier, est paru le premier numéro d'un mensuel populaire, le *Strand Magazine*. Conan Doyle pressent-il que les aventures de Sherlock Holmes se prêtent davantage à la nouvelle qu'au roman? Il en fait la proposition au *Strand*, qui l'accepte. *Un scandale en Bohême* paraît en juillet.

«L'assassin est un homme. Il a plus d'1 mètre 80. Il est dans la force de l'âge»

Conan Doyle s'est souvenu de Joseph Bell. Il a imaginé un détective pourvu des mêmes facultés de déduction. *Une étude en rouge* n'est pas sa meilleure intrigue, mais les traits du personnage principal sont déjà fixés. Reste à lui trouver un nom. Sur un brouillon, il a griffonné celui de Sherrinford Holmes. Puis Conan Doyle entend parler d'un vieux prénom irlandais, Sherlock. Va pour Sherlock Holmes. Quant au narrateur et confident, il lui donne le nom d'un de ses confrères de Southsea, Watson.

Dès le chapitre III, la magie opère. Holmes examine la scène d'un crime. Les policiers pataugent et, en partant, il leur lance d'un ton désinvolte : «L'assassin est un homme.

George Newnes, déjà éditeur de l'hebdomadaire populaire *Tits Bits*, fonda, en 1891, le mensuel illustré *The Strand Magazine*, ainsi nommé parce que ses bureaux se trouvaient Southampton Street, au coin du Strand, en plein centre de Londres. Jusqu'à sa mort, Conan Doyle

THE STRAND MAGAZINE
BURLEIGH ST.
STRAND.
LONDON. W.C.
GEORGE NEWNES Proprietor.
TIT-BITS
TELEGRAMS "TIT-BITS" LONDON
1891

Jan 24

Dear Sir,
Many thanks for your letter. We shall use Conan Doyle's story.

y fit paraître les nouvelles aventures de Sherlock Holmes. Le magazine atteignit durant ces années des tirages record, qu'il ne retrouva jamais par la suite. Il cessa de paraître en 1950. Ci-contre, la lettre de la direction du magazine, annonçant à Conan Doyle qu'il va publier une de ses nouvelles.

SP

Sidney Paget (ci-contre) et son frère Walter (page de gauche) étaient tous deux dessinateurs. Le *Strand Magazine* avait décidé de confier l'illustration de la série Sherlock Holmes à Walter, mais la commande fut adressée par erreur à Sidney. Celui-ci, en retour, donna au héros la physionomie de son frère. De 1891 à 1904, Sidney Paget, qui fut pour beaucoup dans le succès de la série, illustra trente-huit histoires et fournit au total trois cent cinquante-six dessins. Ci-dessous, Holmes de dos, dans *Un scandale en Bohême,* la première nouvelle publiée par le *Strand*; page de gauche, avec Watson, chez eux, au coin du feu.

Royal Exchange and Bank.

ARBLE ARCH, LONDON.

The Thames, from Putney Brid

EAST INDIA HOUSE

Londres, cadre essentiel des aventures de Sherlock Holmes, était à la fin de l'ère victorienne la ville la plus peuplée du monde, avec plus de quatre millions d'habitants. Conan Doyle nous promène dans le West End (à gauche, au centre), avec *Le Traité naval* et *La Deuxième Tache*, dans la City (à gauche, en haut), avec *La Ligue des rouquins*. Holmes retrouve *Les Plans du Bruce-Partington* à la gare de Charing Cross (en haut, au centre), recherche les traces de *L'Escarboucle bleue* dans un marché populaire (ci-contre), va dîner sur le Strand (en bas, à gauche), poursuit ses ennemis sur la Tamise dans *Le Signe des Quatre*.

Il a plus d'1 mètre 80. Il est dans la force de l'âge. [...] Il porte des brodequins à talons carrés. [...] Il est venu ici avec sa victime dans un fiacre tiré par un cheval qui avait trois vieux fers et un neuf à la patte antérieure droite. Son visage est haut en couleurs; et les ongles de sa main droite sont remarquablement longs.»

Dès ses premiers pas, dans *Une étude en rouge*, Sherlock Holmes affiche peu d'estime pour les agents de Scotland Yard, qu'il ridiculise. La police ne lui en n'a pas tenu rigueur : elle a baptisé son ordinateur de recherche Home Office Large Major Enquiry System, en abrégé... HOLMES. Ci-contre, les locaux du Yard.

Très vite, la formule est rodée et le lecteur a plaisir à retrouver un canevas presque immuable. Dans son logement de Baker Street, Holmes se plaint de l'inaction. Il recourt à son violon d'Ingres (qui est justement... le violon) ou, pis, à la cocaïne, dont on pensait à l'époque qu'elle exacerbait les facultés intellectuelles. Heureusement, survient une victime en détresse ou un inspecteur de Scotland Yard dans l'embarras. D'emblée, Holmes se livre à ces déductions éblouissantes pour lesquelles les Sud-Américains ont inventé un néologisme : les *sherlockholmitos*. D'un coup d'œil, il sait tout sur son visiteur. Il lui arrive d'en user même avec les objets : en examinant une canne, un chapeau ou une montre, il peut deviner la profession, l'âge et jusqu'à la vie privée de son propriétaire.

Puis l'observateur perspicace se mue en homme d'action. Pour les besoins de l'enquête, il saute dans un cab ou dans un train, se met à quatre pattes pour relever la moindre trace, «planque» pendant des heures, se bat, jusqu'à trouver la solution de l'énigme. Il aura pris garde de ne rien confier au malheureux Watson du cheminement de ses réflexions, ce qui permet jusqu'au bout de ménager le suspense.

Veuf en 1906, Conan Doyle épouse l'année suivante Jean Leckie, dont il était amoureux depuis longtemps. Mais ses principes stricts lui interdisaient de divorcer ou d'avoir une maîtresse. Le couple eut trois enfants. Gagnée, comme son mari, à la cause du spiritisme, Jean Conan Doyle se croyait des talents de médium. Elle transmit un jour à l'illusionniste américain Harry Houdini un message de sa mère décédée. Houdini fut d'autant plus sceptique que sa mère, dans la vision de Jean, portait un crucifix, alors qu'elle était juive, et s'exprimait en anglais, langue qu'elle ne parlait pas de son vivant. «Elle l'aura appris dans l'au-delà!», rétorqua Conan Doyle. Peu convaincu par cet argument, Houdini se brouilla avec le couple et devint un adversaire acharné des spirites.

Conan Doyle : Holmes ou Watson?

Le succès est au rendez-vous. En quelques mois, le médecin obscur et pauvre devient un écrivain riche et célèbre qui, à bien des égards, incarne l'esprit de son temps. Non pas que Conan Doyle ait voulu d'une quelconque façon s'identifier au personnage de Holmes. Bien au contraire. Mais, peut-être par le jeu d'une démarche inconsciente, la dualité Holmes-Watson reflète les facettes opposées de sa propre personnalité.

De Holmes, Conan Doyle a la force, le goût du sport et des exercices physiques, l'esprit d'aventure, la disponibilité au départ. Lorsque éclate la guerre des Boers, en 1899, il veut s'engager. Refusé en raison de son âge – il a déjà quarante ans –, il embarque pour Le Cap et prend la direction d'un hôpital de campagne, affrontant les pires épreuves sanitaires et militaires. Pendant la guerre de 1914, il sera correspondant de guerre sur le front français. Sans vouloir jouer au détective amateur, il se mêle d'affaires criminelles, pour défendre deux victimes d'erreurs judiciaires, George Edalji en 1906 et Oscar Slater en 1910, et contribue à leur réhabilitation. Il fallait du caractère, de l'obstination et un jugement sûr, car il arrive à de généreux défenseurs d'être abusés par des coupables. Ce n'est pas le cas. En 1916, en pleine guerre, il a le courage de braver l'opinion et de demander – en vain – la grâce de sir Roger Casement, nationaliste irlandais condamné pour trahison.

Mais il y a aussi un côté Watson chez Conan Doyle. Un homme droit, rigoureux, aux idées conformistes. Rien ne lui est plus étranger que le goût de la décadence d'un Oscar Wilde, l'esprit caustique et paradoxal d'un Bernard Shaw, l'envie de réformer le monde d'un H. G. Wells. Epousant les préjugés de l'Anglais moyen, il signe une pétition contre un artiste d'avant-garde. En 1900, pendant la guerre des Boers, pour répondre à l'hostilité de l'opinion publique mondiale, il écrit un livre défendant l'honneur britannique. C'est à cette œuvre de circonstance, et non à Sherlock Holmes, qu'il dut d'être fait chevalier en 1902.

Au début des années 1920, deux jeunes filles du nord de l'Angleterre, Iris et Alice, prétendirent avoir rencontré des fées dans leur jardin. Mieux encore, des photographies de cet événement remarquable furent prises et publiées. D'une poésie indéniable, ces clichés n'en étaient pas moins des montages évidents. Pourtant Conan Doyle n'hésita pas à se porter garant de leur authenticité et prédit dans un livre le retour des fées. Une série de deuils familiaux ancra la conviction de Conan Doyle. Cherchant une consolation, il fut lui-même victime d'un charlatan et prit pour argent comptant les «messages» de l'au-delà émanant de son beau-frère Malcolm Leckie, tué à la guerre, de son frère cadet Innes ou de Kingsley, le fils de son premier mariage, mort en 1918 des suites de ses blessures sur le front de la Somme. Ci-contre, Conan Doyle, grand défenseur de l'Empire britannique, en Afrique du Sud pendant la guerre des Boers.

Un messie du spiritisme

Un dernier trait de la personnalité de Conan Doyle mérite d'être rappelé : son penchant pour le spiritisme, qui dégénère à la fin de sa vie en une véritable croisade. A l'époque, la mode de faire tourner les tables faisait des ravages. Conan Doyle a très tôt manifesté sa curiosité pour ces phénomènes et, en 1916, il annonce sa conversion à la cause du spiritisme. Aidé de sa femme Jean, qui joue au médium, il se livre à mille expériences, répand la bonne parole en multipliant livres, articles et conférences dans le monde entier. En 1928, il préside le Congrès spirite international de Londres.

Hélas, il se montre d'une crédulité sans bornes, apportant sa caution aux pires charlatans. Non content de croire aux esprits, il consacre un livre au retour des fées (*The Coming of the Fairies*, 1922). On est loin de la logique froide et ironique d'un Sherlock Holmes. C'est un point de plus qui oppose le créateur et son personnage, dont les rapports furent orageux.

Par ses livres mais aussi par ses conférences, Conan Doyle alla défendre la cause du spiritisme en Europe, en Amérique, en Afrique et jusqu'en Australie. C'est au retour d'un de ces voyages qu'il mourut d'une crise cardiaque.

En quelques années, ce qui n'était encore qu'un succès de librairie est devenu un mythe national, et bientôt mondial. Au point que l'auteur, contrarié par l'ampleur de sa réussite, va tenter de « tuer » son personnage. Mais en voulant s'attaquer au mythe, il ne fera que le conforter.

CHAPITRE II
L'IMPOSSIBLE ASSASSINAT

La mort de Holmes dans les chutes de Reichenbach (page de gauche) attrista tous les lecteurs de Conan Doyle, aussi nombreux à l'étranger qu'en Angleterre, comme en témoigne cette réclame française du tournant du siècle.

Jamais le thème du créateur dépassé par sa création n'a pris forme plus caricaturale qu'avec Conan Doyle. C'est à peine s'il eut le temps de se féliciter d'un succès qui lui permettait de sortir de la gêne. Très vite il se trouva confronté à l'émergence d'un mythe qu'il n'avait ni prévu ni voulu et dont le contenu même lui échappa.

Quand la légende s'en mêle

Tous les grands mythes, culturels ou historiques, reposent sur une part de légendes et d'erreurs. Sherlock Holmes n'échappe pas à la règle. Ainsi, même ceux qui n'ont pas lu une ligne de Conan Doyle connaissent Sherlock Holmes par sa casquette à double visière, sa pipe recourbée et la célèbre réplique, passée dans le langage courant : «Elémentaire, mon cher Watson!»

Or nulle part Conan Doyle ne mentionne de casquette à double visière (en anglais *deerstalker*, littéralement : casquette de chasseur de cerfs). Dans *Flamme d'argent*, il fait allusion à une casquette de voyage (*travel cap*). C'est à l'illustrateur du *Strand Magazine*, Sydney Paget, que revient l'idée du *deerstalker* qui allait immortaliser le détective. Encore la casquette n'apparaît-elle que quand Holmes est à la campagne ou en tenue de voyage. A l'époque, trains et voitures à chevaux étaient mal chauffés et les voyageurs devaient affronter l'inconfort des moyens de transport. En ville, Holmes, comme tout gentleman, est en chapeau haut-de-forme. Mais le mythe est si fort que la plupart des films

Le grand acteur américain William Gillette, créateur du rôle de Sherlock Holmes à la scène en 1899, ajouta à la panoplie holmésienne la pipe recourbée et la robe de chambre.

nous montrent un Holmes toujours affublé de sa casquette. La palme du ridicule revient au film *Meurtre par décret* où Christopher Plummer la porte pour se rendre... à l'opéra de Covent Garden!

Même chose pour la pipe recourbée, ou pipe calebasse. C'est l'acteur américain William Gillette qui en fut l'initiateur : il remarqua qu'il était plus facile de dire ses répliques en ayant dans la bouche une pipe recourbée plutôt qu'une pipe droite. Les autres suivirent.

Quant à la phrase «Elémentaire, mon cher Watson!», son origine est mystérieuse. Car il faut bien se faire une raison : elle ne figure dans aucun texte d'Arthur Conan Doyle...

Coiffer l'homme qui pourchasse les criminels d'une casquette de chasseur avait valeur de symbole, ce qui explique peut-être son succès. C'est en octobre 1891, dans *Le Mystère du val Boscombe*, quatrième nouvelle éditée par le *Strand Magazine*, qu'apparut pour la première fois l'image de la casquette à double visière qui allait devenir la marque de Sherlock Holmes. L'illustration de *Flamme d'argent* (1892), ci-contre, représente Holmes avec sa casquette désormais célèbre dans un compartiment de chemin de fer avec le docteur Watson. Holmes porte ici un manteau de voyage de forme classique, si ce n'est qu'il est muni d'un capuchon. Plus tard, notamment dans les films, il apparaîtra presque toujours vêtu d'un «macfarlane», un manteau écossais très original, avec un large rabat en forme de cape. Mais, pas plus que la casquette et la pipe recourbée, le macfarlane n'est mentionné par Conan Doyle.

Un phénomène surprenant

Mais l'élément le plus original du mythe de Sherlock Holmes, c'est à coup sûr la croyance d'une bonne partie du public à la réalité du personnage. A sa confusion,

DRAGUTIN G. FABIĆ
Bos. Kostajnica.

Mr
Sherlock Holmes
London
Baker-street
(England)

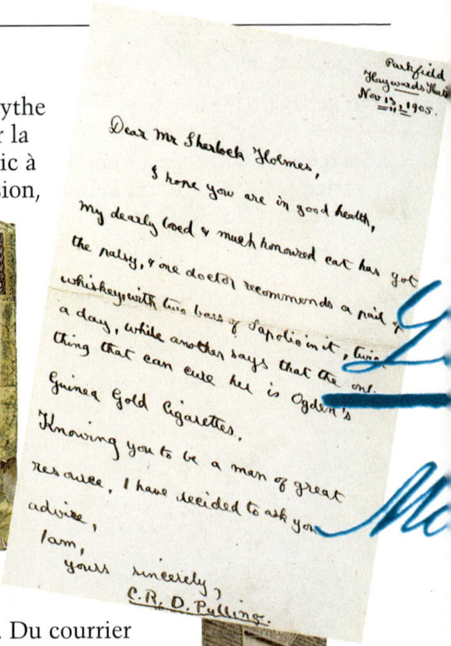
Parkfield
Haywards Heath
Nov 13 1905.

Dear Mr Sherlock Holmes,

I hope you are in good health, my dearly loved & much honoured cat has got the palsy, & one doctor recommends a pail of whiskey with two bars of Sapolio in it, twice a day, while another says that the only thing that can cure her is Ogden's Guinea Gold Cigarettes.

Knowing you to be a man of great resource, I have decided to ask your advice,

I am,

Yours sincerely,

C.R.D. Pulling.

Conan Doyle s'aperçut que beaucoup de ses lecteurs croyaient que Sherlock Holmes était bien réel. Du courrier arrivait à son nom. Les uns lui soumettaient leurs problèmes, d'autres lui faisaient des offres de service. Lorsque, dans une des dernières nouvelles, il fut mentionné que Holmes se retirait à la campagne pour élever des abeilles, les candidatures affluèrent pour le poste de gouvernante. Pendant la guerre de 1914, un général français demanda à Conan Doyle si Sherlock Holmes servait dans l'armée britannique. A Istamboul, le gouvernement ottoman s'inquiéta de la présence de Holmes en Turquie comme espion de sa Gracieuse Majesté!

Conan Doyle aurait été plus étonné encore s'il avait su que le mythe subsisterait pendant des décennies, au mépris de toute vraisemblance. Si Holmes avait vécu et qu'il soit encore de ce monde, il aurait aujourd'hui près de cent cinquante ans! Ce qui n'empêche pas que du courrier continue de parvenir chaque jour au 221b Baker Street. Les expéditeurs vont de l'écolier japonais au shérif du Middle West confronté à un crime mystérieux. Ce phénomène unique d'affabulation collective est difficile à expliquer. A l'évidence, le talent de conteur de Conan Doyle y est pour quelque chose, ainsi que le style du récit : le narrateur supposé évoque les événements en donnant l'impression qu'il s'agit de faits réels, ayant suscité l'émotion du public. Mais Maurice Leblanc, Gaston Leroux, Marcel Allain, pour ne citer qu'eux, ont usé de ce genre de procédé, sans que pour autant leurs lecteurs en concluent à l'existence d'Arsène Lupin, de Rouletabille ou de Fantômas.

A l'adresse mythique du 221b Baker Street, où il était censé habiter, Sherlock Holmes ne tarda pas à recevoir du courrier de tous les pays du monde. Page de gauche, une lettre postée de Bosnie-Herzégovine ; ci-dessous, un détail d'une adresse rédigée dans une transcription approximative d'écriture cyrillique.

Un auteur mécontent

Au fur et à mesure que le mythe prend de l'extension, Arthur Conan

Doyle développe envers son personnage une phobie dont il s'est lui-même expliqué dans son autobiographie *Memories and Adventures*.

Son existence quotidienne est perturbée. Il reçoit des lettres qu'on lui demande de faire suivre au détective. Il est l'objet d'innombrables plaisanteries :

Les demandes les plus inattendues et les plus insolites parviennent au détective. Ainsi (au centre), une femme lui demande quel est le meilleur remède pour soigner son chat.

«Combien en ai-je reçu, de cartes marquées de signes, d'avertissements mystérieux, de messages chiffrés et de communications bizarres!» Un jour, un commissionnaire lui remet un paquet contenant l'un de ces dés de craie bleue dont se servent les

Cette caricature du magazine *Punch*, de 1926, montre Conan Doyle perdu dans ses pensées mais enchaîné à son personnage.

joueurs de billard. A l'usage, il se révèle creux. Il contient un bout de papier avec ces mots : «D'Arsène Lupin à Sherlock Holmes»...

Pire, beaucoup de gens lui prêtent les pouvoirs de son personnage, voire

Tennyson Road
Nov 11 '91.

Dearest Mam –

I have done five of the Sherlock Holmes stories of the new Series. They are 1. The adventure of the Blue

l'assimilent à lui. Quand il fut anobli, il reçut une lettre au nom de sir Sherlock Holmes! Ses correspondants lui demandent de résoudre leurs petits problèmes personnels, de la perte de leur montre à l'infidélité de leur épouse. Ces admirateurs appartiennent à toutes les classes de la société, jusqu'aux plus élevées. «Je recevais pour Holmes des offres considérables s'il daignait examiner et résoudre certains mystères de famille. L'une de ces offres, venant de Pologne, me demanda de me rendre dans ce pays aux conditions qu'il me plairait de fixer. J'eus assez de bon sens pour décliner l'invitation.»

Bref, il a de son personnage une «overdose». C'est le terme dont il se sert dans une lettre : «J'ai eu de

"J'ai écrit cinq histoires de la nouvelle série. [...] Je pense tuer Holmes dans la sixième et le liquider pour de bon. Il m'encombre l'esprit pour faire de meilleures choses."

C'est la première allusion à une possible mort de Holmes, alors que la série, qui a débuté en juillet, connaît un succès triomphal.

book of the sort. I think of slaying Holmes in the sixth & winding him up for good & all. He takes my mind from better things. I think your golden

lui une telle *overdose* qu'il me fait penser à ce pâté de fois gras dont il m'est arrivé de trop manger, à tel point que depuis lors son seul nom me rend malade».

Plus sérieusement, Conan Doyle reproche à la série Sherlock Holmes de le distraire de créations

Mary Doyle (ci-dessus), pour faire changer d'avis son fils, lui suggérera de nouveaux sujets. Elle obtiendra ainsi un sursis pour Holmes.

littéraires plus «nobles», comme le roman historique. Il s'en veut de succomber à des considérations financières. Déjà en 1892, à l'occasion du renouvellement de son contrat, il demande au *Strand Magazine* la somme de 1 000 livres pour douze nouveaux récits, avec l'espoir que cette exigence sera rejetée. Or, elle est acceptée. Mais à l'expiration de cette deuxième série, sa décision est prise : il va mettre fin aux aventures de Sherlock Holmes, de la manière la plus radicale qui soit.

«Je le tuerai ou c'est lui qui me tuera»

C'est en ces termes que Conan Doyle avait confié à ses amis sa détermination. Il aurait pu se contenter d'arrêter d'écrire sur Sherlock Holmes. Comme pour brûler ses vaisseaux, il préfère mettre à mort son héros. Une mort héroïque, certes, mais qui masque un assassinat littéraire délibéré. Quelques mois auparavant, se trouvant en Suisse, il a découvert les chutes de Reichenbach, un cadre idéal pour mettre une fin spectaculaire aux aventures du détective. En outre, il lui a concocté un adversaire digne de lui en créant pour la circonstance

Le duel Holmes-Moriarty a enflammé l'imagination des lecteurs, le plus brillant des détectives se trouvant opposé à un criminel aussi intelligent que machiavélique. Dans la version télévisée britannique de 1985 du *Problème final*, nous voyons (ci-dessous) Jeremy Brett (Holmes) affrontant Eric Porter (Moriarty).

E HOUND OF THE SKERVILLES

le personnage du professeur Moriarty, le «Napoléon du crime».

Il croit avoir bien fait les choses. Mais quand, en décembre 1893, la nouvelle éclate avec la parution du *Problème final*, la réaction du public le stupéfie. A Londres, ils sont des centaines, même parmi les honorables hommes d'affaires de la City, à arborer des brassards de deuil. Dans son courrier, les lettres d'injures alternent avec les supplications.

Pendant dix ans exactement, il va tenir bon. Avec obstination, il résiste aux pressions, amicales, éditoriales ou financières. Il peut enfin se consacrer aux travaux dont il rêvait et publie en 1895 une chronique romanesque du premier Empire, *Les Exploits du brigadier Gérard*. Une œuvre de qualité, mais aujourd'hui bien oubliée.

Cependant, en 1901, sa résolution semble fléchir : il offre au public une demi-satisfaction avec son roman le plus fameux, *Le Chien des Baskerville*. Si l'on en croit Conan Doyle, son imagination lui aurait fourni à nouveau la matière d'une intrigue policière nécessitant l'intervention d'un détective. Il aurait songé à créer un nouveau héros, puis se serait résolu à utiliser Sherlock Holmes, qu'il avait sous la main. Quoiqu'il s'agisse d'un roman, et non d'une nouvelle, c'est encore au *Strand Magazine* qu'il confie son manuscrit. La revue le publie en plusieurs livraisons, entre août 1901 et mai 1902. Le jour de la mise en vente, des files d'attente se forment le long d'Oxford Street.

Mais attention! Les lecteurs, même s'ils se régalent de cette superbe histoire, ont une déception : Conan Doyle précise bien, par l'entremise du narrateur, l'inévitable docteur Watson, que l'affaire

A la fin de l'année 1892, la santé de sa première femme, tuberculeuse allant en s'aggravant, Conan Doyle l'emmena en Suisse, à Davos. C'est au cours de ce séjour qu'il visita les chutes de Reichenbach, près de la petite ville de Meiringen, dans l'Oberland bernois. Décidé à mettre un terme aux aventures de Holmes, ce site impressionnant lui parut un cadre propice. Ci-dessus, le docteur Watson découvre au bord du gouffre l'alpenstock laissé par Holmes. En fond de page, couverture de la première édition du *Chien des Baskerville*.

se situe avant celle de Reichenbach. Le héros est toujours mort et Conan Doyle a cédé… sans vraiment céder.

«Sherlock Holmes était debout de l'autre côté de la table, souriant»

Enfin, en septembre 1903, il se décide à mettre fin aux affres de ses lecteurs avec l'annonce du *Retour de Sherlock Holmes*. Il a résisté des années durant aux demandes de ses admirateurs et de ses éditeurs. Il ne résiste plus lorsque l'hebdomadaire américain *Collier's* lui offre 45 000 dollars. Mais ses interlocuteurs ont mis une condition formelle : il faut cette fois qu'il ressuscite son héros et le fasse sortir des chutes de Reichenbach. Après deux mois de suspense savamment ménagé par les éditeurs, un public impatient trouve la réponse dans *La Maison vide* : si Holmes est sorti vivant du gouffre, c'est parce qu'il n'y était jamais tombé… Désormais, Conan Doyle se résigne à faire ce que tout le monde attend de lui : écrire de nouvelles aventures de Sherlock Holmes.

Cette vitrine du début du siècle témoigne de l'extraordinaire attente du public et de la façon dont les libraires y répondaient.

Le numéro du *Collier's Weekly* du 26 septembre 1903 eut la primeur de la publication de *La Maison vide*. Le dessin de couverture (ci-contre) est dû au dessinateur Frederic Dorr Steele qui illustrera désormais les nouvelles parues dans l'hebdomadaire américain.

SHERLOCK HOLMES”

La dernière, *L'Aventure de Shoscombe Old Place*, paraît en 1927. Il meurt le 7 juillet 1930, laissant une œuvre considérable, dont la partie proprement «holmésienne» représentait cinquante-six nouvelles (réunies en cinq recueils) et quatre romans. A la fin de sa vie, il semblait avoir fait la paix avec Holmes. Dans ses mémoires, publiées l'année de sa mort, il admet que celui-ci fut «un bon ami à bien des égards» *(a good friend to me in many ways)*. Une formulation curieuse, qui pour un peu ferait penser que Conan Doyle, comme tant d'autres, a fini par se convaincre de l'existence de son héros. L'hommage semble tout de même bien réticent. Mais il est vrai que si Sherlock Holmes avait apporté richesse et gloire à Conan Doyle, il avait, de cette gloire, conservé pour lui l'essentiel.

A défaut d'avoir pu tuer son personnage, Conan Doyle terminera ses jours dans l'aisance.

Une riche descendance

Conan Doyle eut d'autres déconvenues. Il dut compter avec l'intérêt que ses confrères portèrent à son personnage et avec leur désir de se l'approprier. Les premiers «continuateurs» des aventures de Holmes, aussi dépourvus de scrupules que de talent, étaient de simples faussaires. A l'époque le copyright n'existait pas et les auteurs étaient mal protégés. Les spécialistes ont répertorié ces faux Sherlock Holmes qui, dans l'espoir de tromper les lecteurs, furent dénommés Sherlock Ohms, Shamrock Jolnes, Ollock Combs, voire Shylock (!) Homes.

Maurice Leblanc, le créateur d'Arsène Lupin, prit moins de détours. Il publia, en 1906, *Sherlock Holmes arrive trop tard*, une nouvelle opposant l'Anglais redresseur de torts, mais tellement guindé, au Français filou, mais tellement sympathique. Conan Doyle protesta et, quand la nouvelle parut en volume, Sherlock Holmes était devenu Herlock Sholmès. Leblanc récidiva dans *Arsène Lupin contre Herlock Sholmès* et dans *L'Aiguille creuse*. Sans le vouloir, il avait créé un genre, le roman holmésien, et assuré à son rival une descendance romanesque dont Arsène Lupin ne bénéficia jamais.

Mais c'est au lendemain de la Seconde Guerre mondiale que naît la grande vogue des romans dits «apocryphes», mettant en scène Sherlock Holmes. L'auteur Conan Doyle, une fois de plus, passe aux oubliettes, mais bien entendu le narrateur est toujours le docteur Watson.

De son vivant, Conan Doyle s'était opposé à ce genre d'entreprise. Paradoxalement, c'est son propre fils Adrian Conan Doyle et son biographe John Dickson Carr qui inaugurèrent la série en 1954 avec *Les Exploits de Sherlock Holmes*. Depuis lors, le nombre de textes apocryphes publiés dans le

Le succès de Sherlock Holmes lança la mode des *detective stories*, reprise par tous les concurrents du *Strand Magazine*. Dans les meilleurs cas, ces revues publièrent des auteurs honorables comme Richard Austin Freeman, Arthur Morrison ou la baronne Orczy. En 1970, Hugh Greene (le frère de Graham Greene) exhuma ces textes sous le titre *Les Rivaux de Sherlock Holmes*.

Figure connue des milieux holmésiens anglais, Michael Hardwick a écrit des ouvrages de référence, tel son *Guide complet de Sherlock Holmes*, et des œuvres de fiction comme *Sherlock Holmes et le prisonnier de l'île du Diable*, où il imagine le détective innocentant le capitaine Dreyfus.

monde n'a cessé d'augmenter. Les romans se comptent aujourd'hui par dizaines, voire par centaines, les nouvelles par milliers.

Enfin, d'autres prolongements littéraires existent sous forme de clins d'œil jusque chez les plus grands auteurs, tel ce passage du *Rituel des Musgrave* repris dans *Meurtre dans la cathédrale*, la pièce de T. S. Eliot (1935). Ou encore dans *Le Nom de la Rose*, d'Umberto Eco, où le héros Guillaume de Baskerville, flanqué de son disciple Adso, oppose aux inquisiteurs la logique de ses méthodes déductives. Avec ce roman, le pastiche holmésien a conquis ses lettres de noblesse.

Adrian Conan Doyle (1910-1970) défendit et géra l'œuvre de son père. John Dickson Carr (1906-1977), outre sa biographie de Conan Doyle parue en 1949, est l'auteur de plus de soixante-dix romans policiers, la plupart fondés sur le problème de la «chambre close».

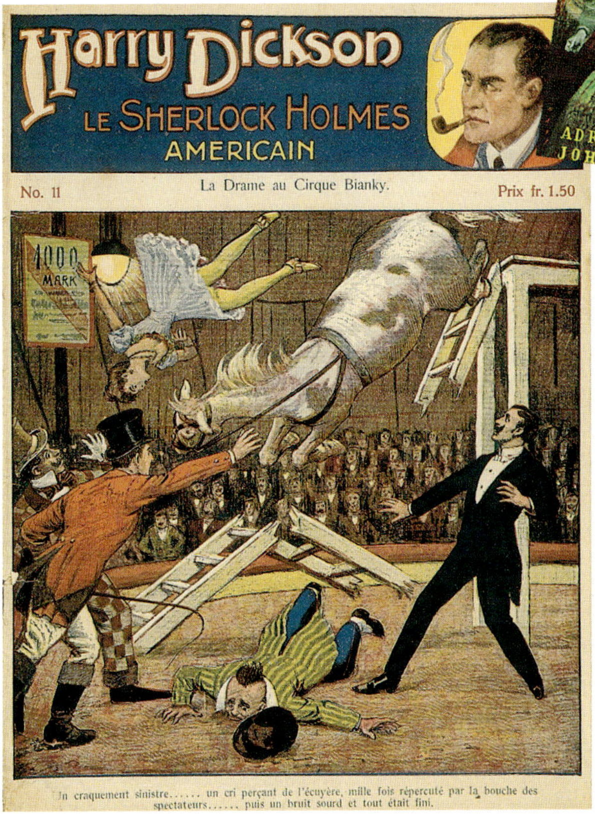

Du fatras des premières imitations, seuls ont survécu les cent cinq fascicules, parus en néerlandais, puis en français, de *Harry Dickson*. La rédaction en fut confiée à l'écrivain belge Jean Ray, grand maître du fantastique, qui se laissa aller à son imagination délirante. Si les aventures du «Sherlock Holmes américain» nous charment encore, c'est parce qu'elles n'ont rien à voir avec Sherlock Holmes.

HERLOCK SHOLMÈS DANS LA BIBLIOTHÈQUE DE M. DESTANGE

Maurice Leblanc a été le premier à opposer Sherlock Holmes à un autre personnage de fiction, en l'occurrence son Arsène Lupin (page de gauche, en haut à gauche). L'image que les illustrateurs français donnaient alors du détective anglais (en bas) laisse rêveur. Depuis, on a confronté Holmes à bon nombre de créatures romanesques, généralement maléfiques, comme le diabolique docteur Fu-Manchu (ci-contre), le comte Dracula (page de gauche, en haut à droite), le Fantôme de l'Opéra, Raffles (le Lupin anglais dont le créateur, E. W. Hornung, était le beau-frère de Conan Doyle), le docteur Jekyll ou encore un professeur Moriarty qui aurait, lui aussi, échappé aux chutes de Reichenbach. Seul Fantômas a jusqu'ici été oublié. Née dans les années 1960, une nouvelle mode consiste à mêler Holmes aux célébrités et aux événements de son temps. On l'a vu ainsi démasquer Jack l'éventreur, consulter le docteur Freud, venir en aide à Einstein ou à Sarah Bernhardt, rencontrer aussi bien Karl Marx que Bram Stoker, Oscar Wilde, Georges Courteline, ou s'embarquer à bord du *Titanic*.

A STUDY IN SCARLET
with
REGINALD OWEN
ANNA MAY WONG
JUNE CLYDE
ALLAN DINEHART
JOHN WARBURTON
Directed by
EDWIN L. MARIN
Produced by
KBS AT CALIFORNIA
TIFFANY STUDIOS
WORLD WIDE
Pictures
DISTRIBUTED IN U.S.A. by
FOX FILM CORPORATION
A
SHERLOCK HOLMES Adventure
by SIR ARTHUR CONAN DOYLE

Un héros aussi populaire se devait de figurer en bonne place à la rubrique spectacles. Successivement théâtre, cinéma, télévision s'en sont emparés. Ces adaptations ont été d'une qualité très inégale, mais, à la scène comme à l'écran, leur nombre et leur variété ont là encore battu tous les records.

CHAPITRE III
À LA RECHERCHE D'UN VISAGE

Le cinéma a relayé et amplifié le mythe de Sherlock Holmes. Ici, deux acteurs des premières années du parlant : Clive Brook (ci-contre) et Reginald Owen (à gauche).

Conan Doyle le premier avait songé à faire revivre son héros sur la scène. C'était en 1897, Holmes était «mort» depuis quatre ans et son créateur, à défaut de le ressusciter, avait songé à ce moyen de satisfaire son public. Il rédigea un premier jet, mais changea d'avis, écrivant à sa mère : «Porter Holmes à la scène, c'est attirer l'attention sur mon œuvre la plus faible (*sic*) qui a déjà éclipsé indûment la meilleure.»

William Gillette entre en scène

L'agent de Conan Doyle, Watt, prit sur lui d'envoyer le manuscrit à un producteur new-yorkais, qui le

Lorsque, dans les années 1890, William Gillette (1853-1937) entra en contact avec Conan Doyle, celui-ci, en plein rejet de son personnage, donna toute liberté à son interprète et coauteur de la pièce. Gillette ayant envisagé de «marier» Holmes, Conan Doyle lui télégraphia : «Vous pouvez le marier, l'assassiner ou en faire ce que vous voudrez!» Gillette renonça à marier Holmes, mais fixa les traits du personnage. Lorsque Gillette vint à Londres soumettre son texte à Conan Doyle, celui-ci vit descendre du train Holmes en personne, avec sa casquette, sa pipe et sa loupe. Toutefois, si la postérité a adopté la pipe recourbée, elle n'a pas ratifié les allures de dandy vautré sur des coussins que Gillette donna au détective. Ci-contre, parmi les personnages qui hantent ses pensées, on reconnaît, à droite, Watson et Moriarty. Gillette incarna Sherlock Holmes plus de 1300 fois sur la scène, et une fois au cinéma en 1916. En 1935, il donna une ultime interprétation de Holmes à la radio. Il avait quatre-vingt-deux ans.

transmit à l'acteur et auteur dramatique William Gillette, lequel s'enthousiasma pour le personnage et offrit de le jouer, mais aussi de réécrire la pièce. Conan Doyle accepta. Finalement, *Sherlock Holmes*, pièce en quatre actes, est signée Arthur Conan Doyle et William Gillette mais le second y prit une part prépondérante, ce que Conan Doyle a reconnu bien volontiers dans ses mémoires.

A Paris, *Sherlock Holmes* fut créé en 1907 au Théâtre Antoine par Firmin Gémier dans le rôle-titre, Harry Baur (Moriarty) et Yvonne de Bray. La dernière reprise date de 1982, avec Paul Guers, au Théâtre de Boulogne-Billancourt.

Un succès international

Gillette créa la pièce à New York en 1899 et la reprit deux ans plus tard à Londres au Lyceum Theatre. Le roi Edouard VII se déplaça pour la voir. En 1903, elle partit en tournée avec, dans le rôle du groom Billy, un débutant de quatorze ans nommé Charlie Chaplin. Elle fut jouée à Stockholm en 1902, à Berlin en 1906, à Paris en 1907, gagna toute l'Europe, et bientôt le monde entier.

En 1910, c'est Conan Doyle lui-même qui se décida à adapter pour la scène une de ses nouvelles les plus célèbres, *La Bande mouchetée*. Dans l'intervalle, il avait fait jouer plusieurs pièces et même une opérette, écrite avec sir James Barrie, l'auteur de *Peter Pan*. Mais ces tentatives avaient été autant de «fours» et, une fois encore, Conan Doyle dut faire appel au détective pour le tirer d'affaire. En une semaine, il écrivit les trois actes de *La Bande mouchetée*, qui fut créé à l'Adelphi Theatre de Londres par l'acteur H. A. Saintsbury. Le succès renfloua les caisses du théâtre et celles de l'auteur...

Dans les pays anglo-saxons, Gillette eut pour successeurs, à Londres, Julian Royce et H. A. Saintsbury et plus récemment, aux Etats-Unis dans les années 1970, John Neville, Frank Langella et même Leonard Nimoy, le célèbre M. Spock du feuilleton télévisé *Star Trek*.

Il y eut d'autres adaptations théâtrales des aventures de Sherlock Holmes. Signalons aux Etats-Unis un *Sherlock Holmes* de 1953 dont l'auteur était Ouida Rathbone, la femme de Basil (lequel tenait bien entendu le rôle-titre) et, en 1978, *Crucifer of Blood* de Paul Giovanni, libre adaptation du *Signe des Quatre*, puisque l'héroïne que Watson épouse à la fin du roman est cette fois la criminelle. Holmes fut joué, entre autres interprètes, par Charlton Heston et Watson par Jeremy Brett, le futur Sherlock de la série télévisée. A Londres, en 1988, le Wyndham's Theatre mit en scène le même Brett, cette fois dans le rôle de Holmes, et Edward Hardwicke dans une pièce à deux personnages, *The Secret of Sherlock Holmes*.

Avec ses cheveux gominés, Clive Brook (ici avec Miriam Jordan en 1932) donne au détective des allures inattendues de *latin lover*. Ce beau ténébreux fut la même année le partenaire de Marlène Dietrich dans *Shanghai Express*.

Le cinéma s'empare du mythe

Plus encore que le théâtre, c'est le cinéma qui, dès ses débuts, contribua à populariser Sherlock Holmes. Les chiffres se passent de commentaires : le *Guiness Book of Movies* de 1990 répertorie 204 adaptations et 72 interprètes du rôle, ce qui en fait de très loin le personnage de fiction le plus souvent porté à l'écran. Mieux encore, le héros de Conan Doyle bat d'une longueur tous les personnages historiques. Le premier, Napoléon, apparaît dans 194 films. Dix de moins que Holmes.

Parmi ces 204 films, il y en eut de tous les niveaux, de l'excellent au lamentable. Là encore, le mythe ne tarda pas à supplanter l'auteur : la plupart des «adaptations» n'ont rien à voir avec l'œuvre de Conan Doyle et se contentent d'utiliser ses personnages. Quant aux 72 interprètes, on en compte de toutes les nationalités et même un Noir, Sam Robinson, vedette en 1918 aux Etats-Unis de *Black Sherlock Holmes*. Il s'agissait, il est vrai, d'une parodie.

A l'époque du cinéma muet, de nombreux films furent tournés sans autorisation, au mépris des droits moraux et financiers de l'auteur. Il semble que le plus ancien soit *Sherlock Holmes Baffled*, un film américain qui date de 1900. Parmi les interprètes dont les noms reviennent le plus souvent dans les années 1900-1920 figurent le Danois Viggo Larsen, le Français Georges Tréville et l'Anglais Eille Norwood. Deux films de 1916 ont pour acteurs principaux William Gillette et H. A. Saintsbury, interprètes du rôle au théâtre. De cette période, un seul film se détache, le *Sherlock Holmes* américain de 1922 avec John Barrymore.

Le second souffle du parlant

A Hollywood, Holmes eut pour premiers interprètes Clive Brook, Raymond Massey et, en 1933, Reginald Owen qui, l'année précédente, avait joué le rôle de Watson. Un joli doublé! Parallèlement, le cinéma anglais produisit sa propre série – cinq films entre 1931 et 1937 – avec pour interprète Arthur Wontner. A ses côtés, un Watson nommé Ian Fleming (un homonyme du père de 007). Enfin, deux films

Un misogyne patenté entouré de *chorus girls*, l'image est insolite. Elle est tirée de la comédie musicale *Baker Street*, jouée en 1965 au Broadway Theatre de New York, avec Fritz Weaver dans le rôle principal. Le héros de Conan Doyle fit aussi l'objet d'un ballet, *The Great Detective*, créé à Londres en 1953. Ci-contre, le tournage, à Westminster, du film américain *Sherlock Holmes* en 1922.

furent tournés en Allemagne dont l'un, *Der Mann, der Sherlock Holmes war* (1937) avait pour vedette Hans Albers.

En 1939 entra en scène celui qui fut le préféré des holmésiens, Basil Rathbone. Hélas, le meilleur des Holmes fut affublé du pire des Watson, Nigel Bruce, qui donna du docteur une image outrée de crétin balourd. Ils tournèrent d'abord deux bons films produits par la Fox, *The Hound of the Baskervilles* et *The Adventures of Sherlock Holmes* (avec Ida Lupino). En 1942, le flambeau passa malencontreusement à la firme Universal qui sortit en quatre ans douze médiocres moyens métrages, où un Holmes modernisé traque les espions nazis!

Depuis la guerre, de nombreux films en couleurs perpétuent le culte, mais en s'écartant de plus en plus des textes d'origine. Si *Le Chien des Baskerville*, de Terence Fisher (1959), avec Peter Cushing (Holmes) et Christopher Lee (Baskerville), est fidèle au roman, on ne peut en dire autant des films qui suivirent et qui sont plutôt des variations sur le thème. A deux reprises, des films opposèrent le détective à Jack l'éventreur, dans *Sherlock Holmes contre Jack l'éventreur* avec John Neville et à nouveau dans *Meurtre par décret* avec Christopher Plummer (Holmes) et James Mason (Watson). Quant à *Sherlock Holmes attaque l'Orient-Express*, qui réunit Nicol Williamson (Holmes), Robert Duvall (Watson) et Laurence Olivier (Moriarty), il s'agit de l'adaptation d'un roman «apocryphe», *La Solution à 7%*.

Dans les années 1970, un nouveau filon fut exploité, celui de la parodie. Le premier film du genre, et le meilleur, fut *La Vie privée de Sherlock Holmes* de Billy Wilder, avec Robert Stephens dans le rôle-titre, Christopher Lee (Mycroft) et Geneviève Page. Suivirent dans la même veine *Le Rivage oublié*, avec George C. Scott, et plus récemment *Elémentaire mon cher... Lock Holmes*, avec Michael Caine et Ben Kingsley. Quant au film de Gene Wilder, *Le Frère le plus futé de Sherlock Holmes*,

il relève carrément du burlesque. La plupart de ces films étaient de qualité et certains interprètes ont fait de Holmes une composition intéressante, notamment Peter Cushing, John Neville et Christopher Plummer. Aucun, pourtant, n'était totalement convaincant et, *a fortiori*, aucun ne parvenait à faire oublier Basil Rathbone. A l'orée des années 1980, l'interprète idéal de Sherlock Holmes restait à trouver. D'une manière inattendue, c'est sur le petit écran qu'on allait le découvrir.

Le Chien des Baskerville réunit tous les ingrédients d'un récit holmésien : un animal terrifiant qui parcourt la lande, une malédiction séculaire frappant une grande famille et une machination diabolique dont Holmes dénouera les fils. Pas étonnant que ce roman ait été porté six fois à l'écran : en Allemagne en 1914, 1929 et 1937; en Angleterre en 1921 et 1959; aux Etats-Unis en 1939. Et encore faut-il ajouter cinq téléfilms entre 1968 et 1988. Page de gauche, une affiche de la version de 1959, mise en scène par Terence Fisher. Au centre, John Neville dans le film *Sherlock Holmes contre Jack l'éventreur*. Le même acteur a également incarné le détective au théâtre, lors d'une reprise de la pièce de William Gillette. Plus original, s'écartant plus radicalement de l'image classique du détective, Barry Levinson a imaginé un Sherlock encore collégien mais déjà brillant dans *Le Secret de la Pyramide*, qui mêle une forte dose de fantastique à l'intrigue policière (ci-contre, à gauche, Nicholas Rowe-Holmes, à droite, Alan Cox-Watson).

Basil Rathbone (1892-1967), ici avec Ida Lupino et Nigel Bruce dans *Les Aventures de Sherlock Holmes* (page de gauche), était d'origine anglaise. D'abord cantonné dans des emplois de traîtres (on n'a pas oublié ses duels dans *Robin des Bois* ou *Le Signe de Zorro*), il trouva le rôle de sa vie avec Sherlock Holmes, qu'il incarna quatorze fois à l'écran. Curieusement, plusieurs grands interprètes de Holmes – Rathbone, Raymond Massey, Peter Cushing, Christopher Lee... – étaient voués aux rôles de *bad guys*. Sans doute le côté froid, parfois antipathique, de Holmes convient-il à ce type d'acteurs.

A droite, en haut, un Holmes débile (Michael Caine) manipulé par un Watson génial (Ben Kingsley), c'est le point de départ de *Elémentaire mon cher... Lock Holmes*, « traduction » grotesque du titre anglais *Without a Clue*. Ci-contre, interprète du docteur Frankenstein, éternel « savant fou », Peter Cushing fut un très bon Holmes dans le film *Le Chien des Baskerville* (ici avec André Morell) et plus récemment dans un téléfilm anglais inédit en France, *The Masks of Death*.

Jeremy Brett (1942-1995), qui avait débuté en jeune premier dans *My Fair Lady*, incarna Watson au théâtre trois ans avant de jouer Holmes à la télévision (ci-contre, à la place du cocher). Il eut pour partenaires successifs dans le rôle de Watson David Burke (ci-dessous) et Edward Hardwicke.

La télévision prend le relais

Encore balbutiante, la télévision s'intéressait déjà à Holmes. Le premier téléfilm américain le prenant pour héros remonte à 1937. Depuis lors, la liste est longue des séries qui n'ont guère laissé de souvenirs marquants. Tel est le cas des trente-neuf épisodes américains (mais tournés en France en 1954-1955) avec l'acteur Ronald Howard, qui avait hérité de son père Leslie Howard un charme discret peu adapté au personnage. Parmi les autres interprètes, on relève les noms de Douglas Wilmer, Peter Cushing, Stewart Granger, Ian Richardson, Roger Moore, Larry Hagman (le JR de Dallas), Charlton Heston et Christopher Lee (associé à Patrick MacNee dans le rôle de Watson).

Pour l'anecdote, ajoutons deux parodies anglaises de 1973 et 1977 avec John Cleese (l'un des Monty Pythons); une série soviétique de cinq épisodes en 1979-1983 qui montre que le charme du très conservateur Holmes a franchi même le rideau de fer; un téléfilm américain de 1987, *Le retour de Sherlock Holmes*, où le détective, congelé à sa mort, est ramené à la vie de nos jours par l'arrière-petite-fille de Watson.

Enfin en 1984, la société anglaise Granada lança une série dont le succès fut tel qu'aux treize épisodes initiaux, s'en ajoutèrent vingt-sept, jusqu'en 1994. Pourquoi cette réussite? D'abord parce que les scénaristes sont revenus aux récits d'origine, tels que Conan Doyle les avait écrits. Ensuite parce que Granada a trouvé en Jeremy Brett l'acteur idéal, collant parfaitement au personnage. Courtois mais cassant, horripilant mais irrésistible, Jeremy Brett a été qualifié par la critique anglaise de Sherlock Holmes «définitif». C'est tout dire.

Le téléfilm américain *Sherlock Holmes in New York* (1974, inédit en France) est loin d'être considéré comme un chef-d'œuvre, mais il a, du moins, bénéficié d'une distribution mémorable avec

(de droite à gauche) Roger Moore (Holmes), Patrick MacNee, le héros de *Chapeau melon et bottes de cuir* (Watson), Charlotte Rampling (Irene Adler) et John Huston (le professeur Moriarty).

De l'engouement à la dévotion, il n'y avait qu'un pas, allégrement franchi par des milliers de «fans» qui, dans le monde entier, célèbrent à leur manière pittoresque le culte holmésien, au sein de centaines de clubs et de sociétés, tout en se livrant au plus surprenant des jeux de l'esprit.

CHAPITRE IV
LE MONDE DES HOLMÉSIENS

Tous les pays ont été plus ou moins touchés par la «sherlockholmania», y compris le Japon (ci-contre). Mais ses manifestations les plus remarquables sont les reconstitutions du logement de Holmes, 221b Baker Street, réalisées par des holmésiens soucieux du moindre détail. Il en existe plusieurs dans le monde, permanentes ou temporaires.

On estime à près de cinq cents les associations qui vivent dans le souvenir de Sherlock Holmes, la majorité ne se trouvant pas en Grande-Bretagne, comme on pourrait le penser, mais aux Etats-Unis.

Une première sur le sol américain

C'est à New York, en janvier 1934, que Christopher Morley et ses amis créèrent la première association holmésienne, The Baker Street Irregulars. Le nom se réfère à la bande de gamins des rues auxquels Holmes

recourt à l'occasion pour ses enquêtes. La société compte plus de deux cents filiales, dans tous les Etats de l'Union. La plupart portent des noms qui sont autant de clins d'œil aux titres des œuvres de Conan Doyle, tels Les Etudiants en rouge du Massachusetts ou Les Bohémiens scandaleux du New Jersey. Comme l'humour ne peut pas perdre ses droits, on trouve aussi dans le Missouri Les Aristocrates célibataires et leurs concubines, à Washington Les Baker Street Irregulars du complexe militaro-industriel et, dans le Colorado, Les Patients négligés du Dr Watson…

Les Anglais suivent le mouvement

En juin 1934, est fondée à Londres la Sherlock Holmes Society, qui compte notamment Dorothy L. Sayers, auteur de romans policiers et créatrice de Lord Peter. Des dizaines d'autres clubs existent en Grande-Bretagne, ainsi que dans de nombreux

La petite ville suisse de Meiringen, proche des chutes de Reichenbach, a consacré à Holmes un musée et lui a élevé une statue, qui ne manque pas d'attirer tous les holmésiens de passage. Plusieurs pays

ont émis des timbres à l'effigie de Holmes, contribuant à brouiller un peu plus les frontières de la réalité et de la fiction.

pays, du Circulo Holmes de Barcelone ou du Club Diogenes de Göteborg au Japan Sherlock Holmes Club de Tokyo. La Société Sherlock Holmes de France, pour célébrer l'Entente cordiale, a pris pour enseigne Les Quincailliers de la Franco-Midland, entreprise de Birmingham citée dans *L'Employé de l'agent de change.*

Pas plus que leurs homologues anglo-saxons, les holmésiens français ne sont à court d'imagination quand il s'agit de perpétuer le culte de leur idole. Ici, Thierry Saint-Joanis, président de la Société Sherlock Holmes de France procède en 1996 au «jumelage» de Baker Street et de la rue des Boulangers, dans le Ve arrondissement de Paris. Des esprits chagrins pourraient certes objecter que si le mot anglais *baker* signifie effectivement boulanger, l'artère londonienne honore un homme ayant porté ce nom et n'a rien à voir avec ce métier. Mais, dans la logique des holmésiens, un tel détail n'avait à l'évidence aucune importance.

Des activités pittoresques

Réunions périodiques, projections, conférences, échanges d'informations, les cercles Sherlock Holmes réunissent des gens de tous âges, professions, milieux sociaux, autour d'un centre d'intérêt commun. Cette communion dépasse la seule lecture des aventures de Sherlock Holmes pour englober la période durant laquelle elles se déroulent. De la nostalgie du passé, on passe aisément à l'envie d'en recréer l'ambiance. Les holmésiens aiment les réunions en costumes victoriens, dépensent des fortunes en déguisements, pratiquent les *murder parties* et les jeux de rôles, organisent des «pèlerinages» à Londres, sur la lande de Dartmoor (cadre du *Chien des Baskerville* et de *Flamme d'argent*) ou aux chutes de Reichenbach, en Suisse, où se déroule *Le Problème final*. Des plaques authentifient le passage du héros et de ses admirateurs. Les holmésiens du Nouveau-Mexique, ayant sur leur territoire une petite ville appelée Moriarty, s'y réunissent chaque année pour une *Unhappy Birthday You Bastard Moriarty Celebration* («Célébration pour un malheureux anniversaire à toi, salaud de Moriarty»), dont le clou consiste à agrandir son monument, une pyramide de fumier!

Mais l'activité de loin la plus originale des holmésiens est ce qu'ils appellent *the game*, «le jeu», qui reflète leur fascination pour un univers fictif.

Sherlock Holmes se retrouve non seulement sur des badges (ci-contre) mais aussi sous la forme d'une multitude d'objets comme ce pot à bière (page de droite). Le caractère très identifiable de sa silhouette a inspiré les publicitaires pour la promotion de nombreux produits : les uns proches du personnage, comme les pipes ou le tabac; les autres n'ayant aucun rapport avec lui, comme une marque de corn-flakes ou ces oranges espagnoles (ci-dessous) baptisées Sherlok (*sic*). Récemment, Microsoft l'a utilisé pour une campagne contre le piratage de ses logiciels.

Les chutes de Reichenbach, en Suisse, sont un des hauts lieux du culte holmésien. En 1968, la Sherlock Holmes Society of London, qu'un de ses membres a défini comme «le plus remarquable rassemblement de cerveaux fêlés», y organisa un grand pèlerinage en costumes victoriens avec, bien évidemment, une reconstitution du duel Holmes-Moriarty. Les deux aimables plaisantins qui se livrèrent à cette facétie étaient un conseiller de la reine, M. Charles Scholefield, et sir Paul Gore-Booth, à l'époque secrétaire général du Foreign Office...

Depuis lors, de nombreuses manifestations similaires ont eu lieu dans cet endroit mythique. Sur la photo ci-contre, prise en 1995, l'infâme Moriarty, incarné par l'auteur, est mis en difficulté par Sherlock Holmes, personnifié par Chuck Kovacic, du club holmésien de Los Angeles.

Le point de départ de ce jeu, c'est en même temps le premier article de foi de l'holmésien, tel qu'il figure dans les statuts de leurs associations. Ainsi, ceux de la Société Sherlock Holmes de France précisent : «Pour être admis, chaque candidat devra se déclarer convaincu de l'existence réelle de Sherlock Holmes et de la véracité de tous les faits mentionnés dans l'ensemble de ses aventures.» Qu'on se rassure. Si quelques excentriques croient dur comme fer que Sherlock Holmes a bien existé, voire qu'il est toujours en vie, l'immense majorité feint seulement d'y croire. Pourquoi? Précisément pour le jeu. Les règles en sont simples. Puisque les aventures de Holmes sont bien réelles, il faut considérer comme une base historique l'ensemble des quatre romans et des cinquante-six nouvelles qui les relatent, et que les holmésiens ont baptisé le «Canon». Watson, tout aussi réel que Holmes, est considéré comme l'auteur du Canon et le malheureux Conan Doyle est relégué au rang d'«agent littéraire».

A partir de ce Canon, des ambiguïtés qu'il contient, des manques qui subsistent, des erreurs qu'on peut y détecter, le jeu proprement dit consiste à se livrer à d'extravagants travaux d'exégèse littéraire et historique. Bien entendu, les chercheurs se font un devoir d'appliquer les méthodes déductives de Holmes aux propres écrits de Conan Doyle – pardon, du docteur Watson – et de tirer des déductions hasardeuses de détails infimes.

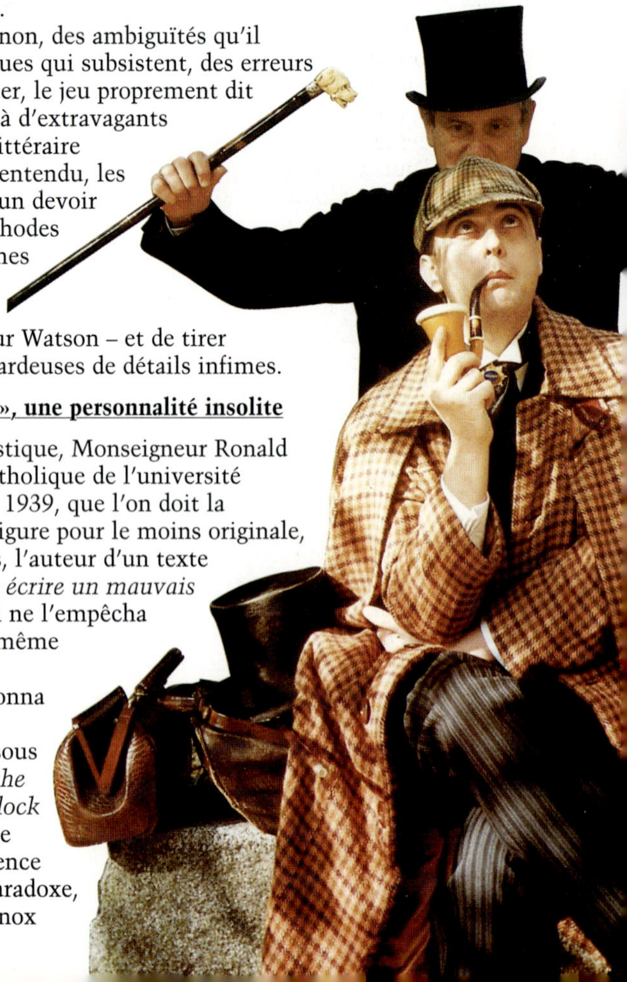

Dans les *murder parties* et les jeux de rôles holmésiens, l'affrontement du détective et du professeur Moriarty reste un des classiques du genre.

A l'origine du «jeu», une personnalité insolite

C'est à un ecclésiastique, Monseigneur Ronald Knox, aumônier catholique de l'université d'Oxford de 1926 à 1939, que l'on doit la naissance du jeu. Figure pour le moins originale, il a été, par ailleurs, l'auteur d'un texte curieux, *Comment écrire un mauvais roman policier*, qui ne l'empêcha pas d'en écrire lui-même d'excellents. Une conférence, qu'il donna en 1911 au Trinity College d'Oxford, sous le titre *Studies in the Litterature of Sherlock Holmes*, est le texte fondateur de la science holmésienne. Le paradoxe, c'est que Ronald Knox avait seulement eu pour but de tourner en ridicule, en les parodiant, les méthodes d'analyse littéraire de certains critiques. Mais les enthousiastes de Sherlock Holmes le prirent au mot. Le Canon a été décortiqué comme les Evangiles, et avec les articles, brochures, volumes entiers qui lui ont été consacrés, on remplirait des bibliothèques; l'acharnement et la patience des chercheurs étant d'autant plus grands que l'objet de l'étude peut sembler dérisoire aux non-initiés. Il fallut d'abord mettre de l'ordre dans les différentes aventures, les dater avec rigueur.

Parfois le narrateur est précis, d'autres fois il se contente d'évoquer un lundi de novembre, en disant qu'il pleut ou que le brouillard est épais. Et voici nos chercheurs qui se plongent dans les archives de la météo pour déterminer l'année en question.

La bible des holmésiens, *The Annotated Sherlock Holmes*, de William S. Baring-Gould, édite les aventures dans l'ordre reconstitué de l'action et non dans celui de la publication. Pourquoi les holmésiens ont-ils fêté en 1994 le centenaire de la résurrection de Holmes, alors que Conan Doyle a redonné vie à son héros en 1903? Parce qu'ils se moquent bien de la résurrection littéraire de Holmes, pour ne s'intéresser qu'à sa réapparition réelle, qu'ils ont pu dater de 1894.

Ce n'est qu'un exemple parmi des milliers. En poussant le jeu plus loin, il est possible de démontrer n'importe quoi : que Microft, le frère de Sherlock, était un agent de Moriarty, ou que Holmes était Jack l'éventreur. Un soir de 1941, l'auteur de romans policiers Rex Stout a laissé sans voix ses confrères des Baker Street Irregulars en démontrant que Watson était une femme...

La plupart des clubs holmésiens organisent des soirées costumées où, dans un cadre d'époque, chacun incarne un personnage précis. Ci-dessus, «Holmes» et quelques membres de l'association new-yorkaise des Baker Street Irregulars vers 1960. Il existe également des associations plus spécialisées, comme la Mini Tonga américaine, qui regroupe les miniaturistes auteurs de modèles réduits holmésiens, l'Irregular Special Railway Company anglaise, qui se concentre sur les aspects ferroviaires des récits, ou The Adventuresses of Sherlock Holmes, club féminin fondé à New York en 1967 et dont le journal s'appelle *The Serpentine Muse.*

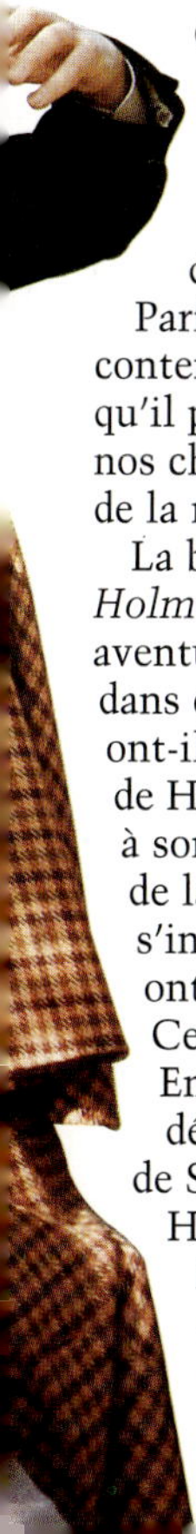

Tout, ou presque, peut être l'objet de controverses sans fin : combien de fois Watson s'est-il marié ? Quelle maison de Baker Street est-elle le véritable 221 (puisque ce numéro n'existait pas à l'époque) ? Quelle tête couronnée se cache-t-elle sous le personnage du roi de Bohême dans *Un scandale en Bohême* ? L'empereur François-Joseph, son fils l'archiduc Rodolphe, le prince héritier de Prusse, ou encore le prince de Galles, le futur Edouard VII ? Sherlock Holmes a-t-il fait ses études à Oxford ou à Cambridge ? En 1994, sous les plafonds à caissons de la Law Society de Londres, une grave discussion agita les esprits : Watson portait-il des pyjamas ou une chemise de nuit ?

«Holmésiens» et «sherlockiens»

Le secret de la «science holmésienne» serait-il tout simplement qu'elle est une des manifestations les plus tordues de l'humour britannique ? A évoquer

Sherlock Holmes recourait souvent à la graphologie pour analyser la personnalité de ses correspondants. Se livrant à un jeu holmésien typique, un graphologue, M. Lorenzo J. Chieco, a eu l'idée d'inverser le processus de l'analyse graphologique et a tenté de reconstituer l'écriture de Holmes en partant de ses traits de caractère, tels que Watson les rapporte. Voici, au centre, la signature supposée du maître.

ces quelques exemples, on serait aisément amené à le penser. Il est clair qu'on retrouve dans le sérieux imperturbable avec lequel sont abordés les sujets les plus farfelus, dans le *nonsense* du jeu lui-même, quelques-unes des traditions les plus solides et les plus sympathiques de l'esprit anglais.

Mais on ne saurait non plus exclure l'hypothèse d'un goût pervers (cérébralement parlant) pour une démarche intellectuelle tournant à vide, pour des spéculations d'autant plus fascinantes qu'elles sont gratuites et improductives.

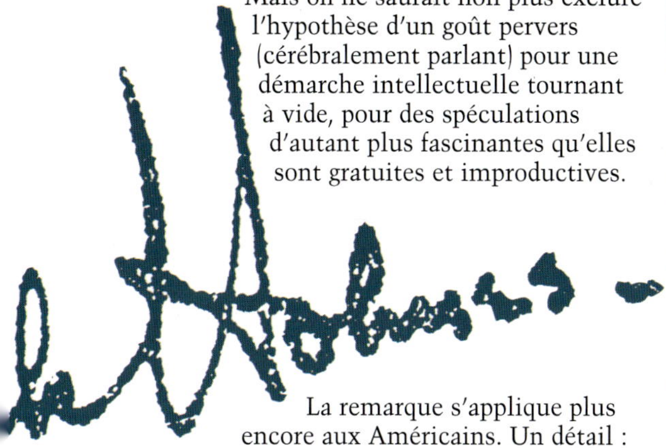

La remarque s'applique plus encore aux Américains. Un détail : les Anglais se qualifient de *holmesians*, tandis que les Américains préfèrent le terme de *sherlockians*. Peut-être est-ce le simple reflet de la propension des Américains à s'appeler par leur prénom. Ou l'indice d'une singularité plus profonde.

Toujours est-il que les travaux holmésiens les plus impressionnants, comme ceux de William S. Baring-Gould ou de Ronald B. De Waal, nous viennent souvent d'outre-Atlantique et que les « sherlockiens », plus encore que les autres, ont tendance à aller au bout de leur fantasme.

On laissera le mot de la fin à un illustre spécialiste américain, possédant une fabuleuse collections de livres, d'objets et de souvenirs holmésiens, qui formait son décor quotidien. Un jour, au cours d'une interview, un journaliste lui demanda si cet univers obsédant ne le gênait pas pour aborder la vie réelle en sortant de chez lui. « Mais c'est ici la réalité, répondit-il, et c'est dehors la fiction. »

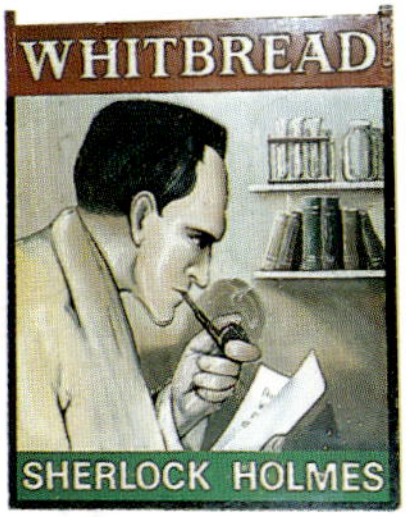

Le musée et le pub Sherlock Holmes de Londres (dont on voit les enseignes à gauche et ci-dessus) possèdent tous deux une reconstitution du living-room de Holmes. Il en existe deux autres en Suisse, à Meiringen et au château de Lucens, et une aux Etats-Unis, à San Francisco. Sans compter celles aménagées par des particuliers ou au siège de clubs holmésiens. Ci-dessous, une des innombrables caricatures inspirées par le détective.

SH

TÉMOIGNAGES ET DOCUMENTS

Tout savoir sur Sherlock Holmes

Quels sont les personnages essentiels qui gravitent autour du détective? Comment Baker Street est-il devenu un lieu mythique? Qu'appelle-t-on le Canon et les «Untold Stories», en langage holmésien?

L'«holmesomania» a même gagné la chanson.

Adler (Irene)
Les holmésiens connaissent par cœur la première phrase d'*Un scandale en Bohême :* «To Sherlock Holmes she is always *the* woman» («Pour Sherlock Holmes elle est toujours *la* femme»). Il faut dire que c'est la seule fois où cet indécrottable misogyne trouve son maître en la personne de cette aventurière américaine, cantatrice à l'opéra de Varsovie, dont la liaison avec le roi de Bohême menace de tourner à l'affaire d'Etat. On a dit que le personnage avait été inspiré à Conan Doyle par celui de la danseuse Lola Montès, maîtresse du roi Louis Ier de Bavière à qui elle coûta son trône en 1848. Si Irene Adler fascina Sherlock Holmes, elle fascina plus encore les holmésiens. Elle n'apparaît que dans une seule des soixante aventures de Sherlock Holmes écrites par Conan Doyle mais elle est en revanche un des personnages favoris des auteurs d'apocryphes. L'austérité toute victorienne de la vie privée de Holmes semblant aujourd'hui incompréhensible, les auteurs contemporains sont tentés de permettre à Holmes de rattraper le temps perdu et de vivre avec Irene Adler la liaison torride que le trop puritain Conan Doyle lui avait refusée. A la télévision américaine, on a vu ainsi Christopher Lee tomber enfin dans les bras de la belle Morgan Fairchild dans *Sherlock Holmes and the Leading Lady* (1990) et Roger Moore dans ceux de Charlotte Rampling dans *Sherlock Holmes in New York* (1976). De même, dans le roman de Nicholas Meyer, *Sherlock Holmes et le Fantôme de l'Opéra*, Holmes, devenu violoniste de l'orchestre de l'Opéra de Paris, sauve la cantatrice des griffes du Fantôme et tout se termine par une escapade amoureuse au Montenegro. Depuis

longtemps, il est vrai, des chercheurs holmésiens avaient envisagé la possibilité d'une liaison secrète Holmes-Adler. Avec, en prime, ce superbe sujet de spéculation : s'ils avaient eu un fils, remarquable par définition, qui serait-il ? Les candidats ne manquent pas, le plus insolite étant le détective obèse Nero Wolfe, le héros des romans de Rex Stout…

Curieusement, le personnage d'Irene Adler n'apparaît pratiquement pas au cinéma. Un peu plus à la télévision, sous les traits successifs de Charlotte Rampling (avec Roger Moore), Anne Baxter (avec Peter Cushing), Gayle Hunnicutt (avec Jeremy Brett) et Morgan Fairchild (avec Christopher Lee).

Baker Street

Cette rue rectiligne et sans attrait particulier, située à la lisière du West End est devenue, grâce à Conan Doyle, l'une des plus célèbres de Londres. Mais l'emplacement exact de la maison de Sherlock Holmes a été l'occasion de discussions sans fin. Première controverse sur l'intitulé même

En Suisse, une des multiples reconstitutions du logement de Holmes, 221b Baker Street.

de l'adresse : 221b Baker Street. Que signifie le b ? Pour les uns, c'est l'équivalent de notre *bis*. Pour les autres, une simple indication postale, précisant que le destinataire habite au premier étage. Auquel cas le numéro serait 221 et tous les films et téléfilms affichant 221b sur la porte seraient dans l'erreur. On pourrait penser que ce petit mystère n'en est pas un pour les Anglais, à même de trancher entre les deux thèses. Il n'en est rien : les auteurs d'outre-Manche sont eux-mêmes divisés sur le sujet…

En tout état de cause, 221 ou 221b, l'adresse avait ,au début du siècle, la particularité de ne pas exister. Partant de Portman Square, Baker Street s'arrêtait à la hauteur de Paddington Street. Au-delà, son prolongement portait les noms successifs de York Place et, après Marylebone Road, de Upper Baker Street. Le dernier numéro était le 85 et Conan Doyle, comme beaucoup d'auteurs, avait choisi une adresse imaginaire. Mais, en 1930, la municipalité décida de supprimer York Place et Upper Baker Street et de donner à l'ensemble de l'artère la dénomination de Baker Street. La numérotation fut refaite et, pour la première fois, un petit immeuble situé entre Marylebone Road et Regent's Park eut le redoutable honneur de porter le numéro 221. Pas pour longtemps. En 1935, le pâté de maisons fut démoli et on construisit à sa place un immeuble de bureaux pour une société immobilière, Abbey National, qui l'occupe encore aujourd'hui et porte le numéro 215-229. La société assuma avec respect cet héritage, prenant soin de répondre à l'abondant courrier que Sherlock Holmes continue de recevoir et vendant aux amateurs, à l'unité, les briques de la maison victorienne dont elle occupe l'emplacement.

Reste que, pour les holmésiens, le problème se posait sous un angle différent : le docteur Watson, historien de Sherlock Holmes, en situant sa maison au 221, adresse fictive, avait voulu dissimuler, par discrétion, la véritable adresse. Mais alors quelle était-elle ? Conan Doyle lui-même relança les spéculations en laissant entendre dans ses mémoires qu'il avait eu en tête une certaine maison en décrivant celle de Holmes : « Bien des gens ont manifesté la curiosité de savoir où elle était située. Pour des raisons qu'on devine, je ne le dirai pas.» Cette réserve n'était pas de nature à décourager les holmésiens. On passera sur les arguments que se lancent les partisans respectifs des numéros 31, 49, 61, 66, 109 ou encore 111. La maison de ce dernier, qui avait la faveur d'éminents chercheurs, a été détruite pendant le Blitz.

« Baker Street Irregulars »
Il s'agit d'une bande de gavroches des bas quartiers londoniens dont Sherlock Holmes utilise les services sur le terrain pour glaner quelque renseignement. Ces gamins débrouillards interviennent dans les deux premiers romans, *Une étude en rouge* et *Le Signe des Quatre*. Par la suite, on n'entend plus guère parler d'eux, mais ils font une réapparition dans *Le Tordu* (*The Crooked Man*).

Le terme de *Baker Street Irregulars* évoque aussi la grande association holmésienne américaine, première du genre, créée en 1934 par Christopher Morley et ses amis. La réunion inaugurale eut lieu le 6 janvier, date censée être l'anniversaire de Holmes et qui, chaque année, est marquée par un banquet. Rapidement, le club s'est mué en une véritable académie dont les membres, au nombre limité, sont

Invitation pour le banquet annuel des *Baker Street Irregulars* (1954).

recrutés par cooptation. Parmi eux, on compta Rex Stout, le créateur du détective Nero Wolfe, l'auteur de science-fiction Isaac Asimov, le dessinateur Frederic Dorr Steele, auteur des illustrations de *Collier's*, et deux présidents des Etats-Unis, Frankin Roosevelt et Harry Truman. Roosevelt, pour sa part, laissa une contribution de quatre paragraphes, exprimant sa conviction que Holmes était d'origine américaine…

« Canon »

C'est sous ce terme volontairement religieux que les spécialistes ont pris l'habitude de désigner l'ensemble des œuvres d'Arthur Conan Doyle mettant en scène Sherlock Holmes. Les *Baker Street Irregulars* de New York poussent le culte encore plus loin puisque leurs statuts fixent pour objet social l'« étude des Ecritures sacrées » (« the study of the Sacred Writings »). Une provocation remarquable dans un pays où il n'est pas bien vu de plaisanter avec la Bible. Au mot de « Canon », est associé l'adjectif « canonique ». D'un détail erroné ou anachronique figurant dans un « apocryphe », un holmésien dira qu'il n'est « pas canonique ».

Le Canon comporte soixante œuvres au total, dont la rédaction s'échelonna sur quarante ans, de 1887 à 1927. Quatre romans : *Une étude en rouge* (1887), *Le Signe des Quatre* (1890), *Le Chien des Baskerville* (1901) et *La Vallée de la peur* (1914). Cinquante-six nouvelles, réunies par la suite en cinq recueils : *Les Aventures de Sherlock Holmes*, *Les Mémoires de Sherlock Holmes*, *Le Retour de Sherlock Holmes*, *Son dernier coup d'archet* et *Les Archives de Sherlock Holmes*. Toutes ces aventures sont racontées par le docteur Watson, à cinq exceptions près. *La Pierre de Mazarin* et *Son dernier coup d'archet* sont rédigés à la troisième personne. *Le Soldat blanchi* et *La Crinière du lion* sont racontés par Sherlock Holmes lui-même. On peut y ajouter *Le Rituel des Musgrave* : Watson en amorce le récit, mais passe la parole à Holmes dès la seconde page.

Aux soixante œuvres proprement dites, on peut rattacher trois textes. D'abord *The Field Bazaar*, une courte parodie parue en 1896 dans le journal des étudiants de l'Université d'Edimbourg, qui a la double particularité d'avoir été la première du genre et surtout d'avoir eu pour auteur Conan Doyle lui-même. Ensuite deux nouvelles policières, écrites également par Conan Doyle, parues dans les *Contes de Mystère : The Man with the Watches* (*L'Homme aux montres*) et *The Lost Special* (*On a perdu un train spécial*). Dans ces deux histoires, il est fait allusion à un « célèbre détective privé » qui envoie une lettre aux journaux pour suggérer une solution possible de l'énigme. A noter que ces deux nouvelles sont parues dans le *Strand Magazine* en 1898, à l'époque où Sherlock Holmes était « mort » et où Conan Doyle se refusait obstinément à le faire renaître. Il faut donc prendre ces deux allusions comme des clins d'œil, d'autant plus ironiques que, dans les deux cas, la solution proposée se révèle fausse…

On peut séparer le Canon en deux parties à peu près égales, la première allant jusqu'au *Problème final* (1893) et à la disparition de Holmes, la seconde partant de *La Maison vide* (1903) et de sa « résurrection ». D'un côté, deux romans et vingt-quatre nouvelles, de l'autre, un roman et trente-deux nouvelles (le quatrième roman, *Le Chien des Baskerville*, étant paru dans l'intervalle, en 1898). Y a-t-il des différences entre ces deux périodes, séparées par un hiatus de dix ans ? Certains ont voulu en voir et ont prétendu que Conan Doyle avait perdu la main et n'avait jamais retrouvé la qualité de ses premières œuvres. C'est très injuste. Si les nouvelles les plus célèbres (*Un scandale en Bohême*, *La Ligue des hommes roux*, *La Bande mouchetée*, *Flamme d'argent*, *Le Rituel des Musgrave*) sont de la première période, la seconde contient quelques-unes des plus réussies, telles *La Deuxième Tache*, *Les Plans du Bruce-Partington* ou *Le Problème du pont de Thor*, pour ne citer que ces trois-là. Tout au plus peut-on noter que la seconde partie recourt plus volontiers à des effets grand-guignolesques ou fantastiques (ainsi dans *Le Pied du Diable*, *L'Homme qui grimpait*, *Le Vampire du Sussex*, *Le Soldat blanchi*, *La Crinière du lion*). On a voulu y voir un reflet de l'intérêt grandissant de Conan Doyle pour le surnaturel. A cette hypothèse, on objectera que ces mystères trouvent chaque fois une explication rationnelle.

Gregson (Inspecteur Tobias)
Collègue et rival de Lestrade à Scotland Yard, il intervient dans six aventures. Avec insuccès, est-il besoin de le dire ?

Holmes (Sherlock)
Né en 1854 (élémentaire : dans *Son dernier coup d'archet*, qui se situe en 1914, Conan Doyle lui donne soixante ans), mort on ne sait quand (et peut-être toujours vivant selon certains), le personnage est connu à la fois par

Presse populaire à l'époque de Jack l'éventreur.

Eille Norwood fut, de tous les Sherlock Holmes du cinéma muet, le préféré de Conan Doyle.

les récits de Watson et par les innombrables et érudits travaux des holmésiens. L'un d'eux, William S. Baring-Gould, a même publié une biographie complète de Holmes sous l e titre *I, Sherlock Holmes* (1962) qui dévoile tout ce que Watson avait pu laisser dans l'ombre.

Si, contrairement à ces éminents chercheurs, on s'obstine banalement à considérer Holmes comme un personnage de fiction, comment expliquer son phénoménal succès ? Par sa perfection ? Sûrement pas. Pour être pleinement réussi, un héros de roman doit être aussi, pour une part, un « anti-héros ». C'est bien le cas de Sherlock Holmes, qui ne manque pas de défauts. Il est d'une insupportable fatuité, regardant le restant de l'humanité, son frère Mycroft et Irene Adler exceptés, avec un mépris non dissimulé. Il n'est guère étouffé par les sentiments, abuse du dévouement de Watson et le traite comme un chien fidèle, qu'on peut siffler à loisir. Il est lunatique, et d'un caractère impossible. Il se drogue à la cocaïne (mais il faut rappeler qu'à l'époque la chose était réprouvée, mais nullement illégale). Enfin, il est d'une misogynie que même les sujets de la reine Victoria devaient trouver exagérée et qui aujourd'hui nous semble risible. Mais qu'importe. Il nous fascine, tant son intelligence est brillante, sa faculté d'observation étonnante. Et par-dessus tout, il sait ménager ses effets, ce qui déconcerte ses interlocuteurs et fait le bonheur de ses lecteurs.

Qu'on se souvienne du célèbre dialogue de Holmes et du policier local dans *Flamme d'argent*. Un héros ordinaire aurait dit : « Le chien n'a pas aboyé, il devait connaître le voleur ». Avec Holmes, cela donne ceci : « J'attire votre attention sur le curieux incident du chien, cette nuit-là. – Mais le chien n'a rien fait du tout – C'est cela le curieux incident. » A un homme capable de cette réplique, que ne pardonnerait-on pas ?

Holmes (Mycroft)
Ce frère aîné de Sherlock n'apparaît que dans *L'Interprète grec* et *Les Plans du*

Bruce-Partington, mais son personnage est marquant. Sorte de conseiller occulte du gouvernement (peut-être chef des services secrets), il possède des dons intellectuels que Sherlock juge supérieurs aux siens. Mais c'est le contraire d'un homme d'action et il faut que la marine britannique soit en péril pour qu'il accepte de quitter son club, le Diogenes, où le silence est aussi strict que dans un couvent de trappistes.

Holmes, au centre, prodigue ses conseils à l'inspecteur Lestrade, à gauche (dessin de Sydney Paget).

Mrs. Hudson
La logeuse de Holmes et de Watson. Personnage secondaire (dont on ne sait même pas si elle est veuve ou s'il existe toujours un Mr. Hudson), elle n'en est pas moins indispensable. Disons qu'elle fait partie des meubles. Elle ne cesse de se plaindre de son illustre locataire, de son désordre, de ses heures de repas irrégulières, des odeurs dégagées par ses expériences chimiques, de ses visiteurs peu recommandables, mais on sent qu'elle lui voue une admiration sans borne. Lui, de son côté, la rudoie et se plaint de son obstination à mettre de l'ordre dans ses affaires, moyennant quoi il ne retrouve rien. Il n'en apprécie pas moins son dévouement, auquel il fera appel dans une de ses enquêtes, celle de *La Maison vide*.

Lestrade (Inspecteur)
Un des personnages récurrents de la saga holmésienne. Il apparaît dès la première aventure, *Une étude en rouge*, et intervient dans quinze des soixante histoires. Le scénario est immuable : Lestrade part sur une fausse piste, évoque avec ironie les méthodes de Holmes tout en concédant qu'il lui est arrivé de rendre des services à Scotland Yard. Finalement le détective résoudra l'affaire, en en laissant le bénéfice à la police officielle. Lestrade a été souvent mis en scène dans les films et séries télévisées. Comme pour Watson, les adaptateurs ont eu tendance à le caricaturer, à en faire une sorte de pantin. Sous la plume de Conan Doyle, le personnage est plus nuancé. Holmes lui reproche son manque d'imagination, ses méthodes routinières, mais lui reconnaît du courage et «la ténacité d'un bouledogue».

Moriarty (Professeur James)
Est souvent perçu comme «l'éternel adversaire de Sherlock Holmes», qu'il retrouverait toujours sur ses pas, tels Fantômas pour Juve et Fandor, Arsène Lupin pour Ganimard ou Olrik pour Blake et Mortimer. Rien n'est plus faux. Il n'intervient que dans *La Vallée de la peur* et *Le Problème final*. Il est également question de lui, mais seulement à titre posthume, dans *La Maison vide*. Manifestement, il a été inventé par Conan Doyle dans un but unique, l'aider à supprimer Holmes. Un génie ne pouvait être tué que par un autre génie. D'où la naissance de ce «Napoléon du Crime». Mais là encore, Conan Doyle, victime de son propre talent, vit sa créature lui échapper. Personnage fascinant, Moriarty suscita un engouement qui, par moment, égala celui de Holmes. Pourquoi ? Parce qu'il répond à un double fantasme.

Premier fantasme, celui d'un «cerveau» qui, à lui seul, dirige et coordonne toutes les entreprises criminelles d'une grande ville. Mythe urbain par excellence, qui eut de nombreux prolongements littéraires. Un Balzac, un Paul Féval ont été obsédés par l'existence possible d'une sorte de ténébreuse et toute-puissante société secrète. A noter que l'idée ne relève pas entièrement de la fiction. Au chapitre II de *La Vallée de la peur*, Holmes fait allusion à un certain Jonathan Wild, qui n'est nullement un personnage de roman. Cet individu, pendu en 1725, avait mis sous sa coupe toute la pègre de Londres et, deux siècles avant Al Capone, avait inventé ce qu'on appelle aujourd'hui «le crime organisé».

Second fantasme, celui d'un «génie du mal» chez qui se conjugueraient intelligence supérieure et tendances perverses. C'est assez rare dans la réalité, l'histoire du crime étant davantage peuplée d'imbéciles que de surdoués. Mais enfin le mythe est là et Moriarty, éminent mathématicien, brillant intellectuel au sens moral dévié, est une incarnation moderne de l'esprit du Mal. Holmes mentionne son œuvre principale, une étude faisant autorité sur *La Dynamique d'un astéroïde*. Isaac Asimov, prolifique auteur de science-fiction mais aussi, ce qui est moins connu, holmésien membre des *Baker Street Irregulars*, s'y est intéressé et, dans une nouvelle intitulée *Le Crime ultime*, a imaginé que Moriarty avait cherché le moyen de provoquer la destruction de notre planète.

Un problème intéressant a été soulevé : Moriarty existe-t-il ? Cet homme de l'ombre n'apparaît que par ouï-dire : Holmes raconte à Watson son entrevue orageuse avec lui dans *Le Problème final* et l'inspecteur MacDonald évoque dans *La Vallée de la*

Moriarty, vu par Sydney Paget.

peur la visite qu'il lui fit. Mais Watson, pour sa part, ne fait qu'entrevoir sa silhouette, de loin, aux dernières pages du *Problème final*. Il n'en fallait pas plus pour intriguer quelques holmésiens, dont la curiosité ou l'imagination sont toujours promptes à s'enflammer.

Peu présent dans le « Canon », Moriarty a été plus souvent mis en scène par les imitateurs et adaptateurs. Même la dernière en date et la meilleure série télévisée anglaise, qui se voulait fidèle à Conan Doyle, a éprouvé le besoin de mêler le ténébreux professeur à l'épisode de *La Ligue des rouquins*, où il n'a que faire. Jeremy Brett s'y trouve ainsi opposé une première fois à Eric Porter, l'excellent Moriarty du feuilleton.

Les rôles de « méchants » étant notoirement plus gratifiants que les rôles de « bons », on ne s'étonnera pas que celui-ci ait tenté plusieurs grands acteurs : Harry-Baur face à Firmin Gémier sur la scène du Théâtre Antoine en 1907 ; Gustav von Seyffiertitz, vedette oubliée du cinéma muet face à John Barrymore ; George Zucco face à Basil Rathbone en 1939 ; Laurence Olivier face à Nicol Williamson dans *La Solution à 7 %* ; Anthony Higgins dans *Le Secret de la pyramide* ; John Huston face à Roger Moore dans le téléfilm *Sherlock Holmes in New York*, etc. Enfin, le grand parmi les grands, Orson Welles lui-même, à défaut de prêter son visage, a prêté sa superbe voix à Moriarty dans un disque Decca qui réunissait également Sir John Gielgud (Holmes) et Sir Ralph Richardson (Watson).

«Untold stories»
Une des trouvailles les plus amusantes de Conan Doyne a consisté à truffer ses récits de courtes allusions du docteur Watson à des enquêtes dont nous ne connaîtrons qu'un intitulé de nature à piquer la curiosité. Ainsi, au début de Peter le noir : « Au cours de cette mémorable année 1895, une succession d'affaires curieuses et insolites avait retenu son attention, depuis sa fameuse enquête sur la mort subite du cardinal Tosca (enquête menée à la demande expresse de Sa Sainteté le pape) jusqu'à l'arrestation de Wilson, le célèbre éleveur de canaris ». Le lecteur n'en saura pas plus. Il existe ainsi près d'une centaine de ces « histoires non racontées », de l'affaire de Ricoletti au pied bot à celle du journaliste Persano « trouvé fou devant une boîte d'allumettes contenant un ver inconnu de la science ».

Ce que Conan Doyle n'avait pas prévu, c'est que ces untold stories allaient constituer ultérieurement une mine inépuisable d'inspiration pour les nombreux auteurs désireux de donner une suite aux aventures de Sherlock Holmes. Adrian Conan Doyle et John Dickson Carr ont été les premiers à exploiter cette veine : les douze nouvelles réunies sous le titre Les Exploits de Sherlock Homes (1954) reprennent chacune une untol story, citée en exergue. Beaucoup d'autres, depuis lors, ont eu recours à ce procédé comme l'anglais Richard L. Boyer, l'Américain William E. Dudley ou le Français René Reouven.

Watson (Docteur John H.)
Sherlock Holmes et lui sont aussi inséparables que Sancho Pança et Don Quichotte, Laurel et Hardy, Bérurier et San-Antonio. Jusque dans leur silhouette, où nous retrouvons le contraste classique entre un personnage grand et mince, flanqué d'un second plus petit et plus corpulent, au moins par comparaison. Les deux hommes ne se quittent guère et même lorsque Watson

Nigel Bruce (à droite, avec Basil Rathbone) personnifia le Watson stupide.

cesse de partager le logement de Baker Street pour se marier – et ce, à deux reprises – il est toujours prêt à quitter épouse et malades au premier appel de Sherlock Holmes. On comprend que celui-ci, fort de cette fidélité jamais en défaut, présente toujours Watson comme «mon ami et associé» («my friend and colleague»). Mais plus encore que le compagnon et le confident de Holmes, il est le narrateur de ses aventures. A l'exception de cinq d'entre elles (voir à l'article «Canon»), toutes sont racontées par lui.

Les détails de sa biographie ont excité les *scholars* de l'holmésologie presque autant que ceux de Sherlock Holmes lui-même. Combien de fois exactement le bon docteur s'est-il marié ? Deux ou trois fois ? Avec qui ? Que signifie le H de son second prénom ? Angoissante question sur laquelle se pencha la romancière Dorothy L. Sayers. Il n'est pas jusqu'aux étourderies de Conan Doyle, voire aux fautes d'impression, qui ne soient l'occasion de recherches et de controverses. Pourquoi, dans *L'Homme à la lèvre tordue*, sa femme l'appelle-t-elle James, alors qu'il se nomme John ? Pourquoi, médecin militaire blessé à la bataille de Maïwand, en Afghanistan, est-il frappé à l'épaule si l'on en croit *Une étude en rouge* et à la jambe selon *Le Signe des Quatre* ?

Plus intéressante est une question que l'on pourrait résumer d'une phrase : Watson est-il ou non un imbécile ? Ses qualités morales ne sont pas en doute : courageux, dévoué, droit, honnête, il incarne à ce point les vertus britanniques telles que les voyaient ses contemporains que Holmes, dans *Le Manoir de l'abbaye*, en fait l'incarnation du jury anglais et de la *vox populi*, digne à lui tout seul de décider de la culpabilité d'un homme. Ses capacités intellectuelles sont plus douteuses. Beaucoup d'interprètes ont poussé sa naïveté jusqu'à la caricature, tel Nigel Bruce aux côtés de Basil

Rathbone. Depuis quelques années, la mode s'est imposée de « réhabiliter » Watson en en faisant un partenaire digne de Holmes. C'est ainsi que l'ont représenté Robert Duvall dans *Sherlock Holmes attaque l'Orient-Express*, James Mason dans *Meurtre par décret*, Patrick Macnee (le héros de *Chapeau melon et bottes de cuir*) dans différents téléfilms aux côtés de Roger Moore, puis de Christopher Lee, enfin et surtout les deux partenaires successifs de Jeremy Brett à la télévision anglaise, David Burke et Edward Hardwicke (fils de sir Cedric Hardwicke, grand acteur de cinéma des années 1930-1940).

Pourtant, il est difficile de compter pour rien le mépris à peine déguisé dont Holmes accable son partenaire, l'ironie cinglante avec laquelle il souligne les erreurs que celui-ci commet lorsqu'il lui arrive de l'envoyer seul en mission. Enfin, dans une interview filmée qu'il donna en 1929, Conan Doyle lui-même parle de Watson en l'appelant « his stupid friend » (« son ami stupide »). Il est clair qu'avant d'être le compagnon de Holmes, Watson en est le faire-valoir. Le cas est loin d'être isolé dans la littérature policière : l'ami anonyme de Dupin dans *Double crime dans la rue Morgue*, l'avocat Sainclair pour Rouletabille, le capitaine Hastings pour Hercule Poirot sont autant de Watson.

Plus subtilement, Mgr Ronald Knox, auteur de romans policiers et père de l'« holmésologie », remarque qu'il s'agit d'une relation triangulaire entre Holmes, Watson et le lecteur. Il écrit à propos de ce personnage classique de « l'ami du détective » : « Son intelligence doit être très légèrement inférieure à celle du lecteur moyen. Il existe dans le but de permettre au lecteur d'avoir un partenaire avec lequel il peut jouer au plus fin. Je ne suis peut-être pas aussi malin que Holmes, se dit-il en posant le livre, mais je suis tout de même plus fort que Watson. »

Ben Kingsley (à droite) fut un Watson inattendu… plus brillant que Holmes.

Petit guide de tourisme holmésien

Ce tourisme bien particulier se développe dans deux directions : les lieux célèbres décrits dans les aventures et les reconstitutions du logement que Holmes et Watson partageaient au 221b Baker Street (dont la multiplication confine au miracle.)

Holmésiens anglais en Suisse en 1968. Sir Paul Gore-Booth incarne Holmes.

Plusieurs des reconstitutions du 221b Baker Street sont accessibles au public. Il faut y ajouter celles qui sont aménagées dans des clubs holmésiens, voire chez eux par des particuliers, ainsi que celles qui sont présentées dans des expositions temporaires (comme ce fut le cas à Paris en 1997, dans le cadre de l'exposition « L'Univers de Sherlock Holmes » au Louvre des Antiquaires). Les amateurs y retrouvent le mobilier victorien, la cheminée, les fauteuils, la table du petit déjeuner, les papiers en désordre et tous les objets familiers : les pipes, la pantoufle à usage de tabatière, la robe de chambre, le violon Stradivarius, la seringue, le siphon de marque Gazogène et le matériel nécessaire aux expériences chimiques. Les auteurs de ces reconstitutions ne manquent pas, en outre, d'y semer de nombreux souvenirs des enquêtes, des pépins d'orange au pouce de l'ingénieur. Aux visiteurs de les identifier.

Grande-Bretagne

Londres : Les vrais touristes holmésiens, mués en pèlerins, ont à cœur de visiter la ville en se mettant dans les pas du héros. Certains guides les y aident, ainsi que deux albums illustrés : *Sherlock Holmes's London, following the Footsteps of London's Master Detective* (Chronicle Books, San Francisco, 1984), dont l'auteur est M. Tsukasa Kobayashi, professeur de psychiatrie et fondateur du Japan Sherlock Holmes Club, et *Sherlock Holmes in London, a photographic record of Conan Doyle's storie*s par Charles Viney (Editions Equation, Wellingborough, Angleterre, 1989). Le premier juxtapose photographies anciennes £et contemporaines, le second est intégralement constitué d'images du Londres victorien. En dehors des lieux

Le pub Sherlock Holmes, Northumberland Street, à Londres.

mentionnés dans le « Canon », quelques étapes sont incontournables :
– The Sherlock Holmes Pub and Restaurant, 10, Northumberland Street, à l'angle de Northumberland Avenue, à deux pas de la Gare de Charing Cross et de Trafalgar Square. Au rez-de-chaussée, le pub est décoré d'objets holmésiens, de vieilles affiches de théâtre et photos de films. Au premier étage, le restaurant donne sur une petite mais pieuse reconstitution du living-room du 221b Baker Street. Si vous ne souhaitez pas aller au restaurant (bon mais assez dispendieux), vous pouvez tout de même monter à l'étage où, du couloir qui mène à la salle, a été ménagée une ouverture vitrée qui vous permettra d'admirer à loisir cette reconstitution. Elle date de 1951 et avait été sponsorisée, à l'occasion

du Festival of Britain, par Abbey National, dont les bureaux se trouvent dans Baker Street, à l'emplacement du 221.
– Criterion Restaurant, Piccadilly Circus. C'est dans cet établissement que le docteur Watson entend parler pour la première fois de Sherlock Holmes par un ami commun, épisode rapporté par Conan Doyle au début d'*Une étude en rouge*. A droite de l'entrée, une plaque perpétue l'événement. Si son importance vous échappe, il vous reste le plaisir d'admirer cette belle salle victorienne, restaurée dans son état d'origine il y a quelques années.
– The Langham Hotel, 1, Portland Place. Inauguré en 1865, il fut l'un des plus grands et des plus luxueux palaces de Londres. Endommagé pendant le Blitz, il demeura fermé pendant près d'un demi-siècle. Racheté en 1986 par la chaîne Hilton, et après d'importants travaux, il a été rendu à sa splendeur d'origine. Le Langham intéresse doublement la saga holmésienne, à la fois dans la réalité et dans la fiction. C'est en effet au restaurant du Langham que le représentant à Londres de l'éditeur Lippincott invita, en 1889, Oscar Wilde et Conan Doyle et commanda à ce dernier *Le Signe des Quatre*. Or, dans ce même roman, Conan Doyle a situé au Langham le rendez-vous manqué de Mary Morstan et de son père. L'hôtel est également mentionné dans *La Disparition de lady Frances Carfax*.
– The Lyceum Theatre, 21, Wellington Street, intéresse lui aussi la réalité et la fiction. C'est, en effet, au Lyceum Theatre que fut créée, en 1901, la pièce de Conan Doyle et William Gillette, *Sherlock Holmes.* Mais c'est aussi devant la façade du théâtre, au pied du 3e pilier, que Holmes, Watson et Mary Morstan viennent à un mystérieux rendez-vous dans *Le Signe des Quatre*.
– The Sherlock Holmes Memorabilia, 230, Baker Street. C'est le côté « Lourdes » de la religion holmésienne. Cette boutique vend tous les objets du culte, des plus dérisoires (porte-clés, pipes, statuettes, tasses à thé, cendriers, casquettes à double visière, cartes postales) aux plus respectables (vieilles éditions, numéros d'époque du *Strand Magazine*).
– Sherlock Holmes Museum, 221, Baker Street. Il faut bien finir par en parler, même si les holmésiens purs et durs affectent d'ignorer cet endroit, ouvert au début des années 1990, en lequel ils ne voient qu'une basse opération commerciale. L'existence d'une série de maisons de style géorgien, subsistant à l'extrémité nord de Baker Street, a donné à un homme d'affaires avisé l'idée d'y créer un musée Sherlock Holmes, lequel arbore fièrement le n° 221 alors qu'il se trouve au 239. La municipalité a fermé les yeux sur cette dénumérotation abusive. Mais il faut reconnaître que la reconstitution du logement de Holmes est soignée et surtout qu'elle est la seule à être présentée « grandeur nature » dans une maison typiquement londonienne qui, par sa taille et sa configuration, aurait pu être celle de Holmes. Ouvert tous les jours, 10 h-18 h. Entrée : 5 livres. Au rez-de-chaussée, bon restaurant avec décoration victorienne à l'enseigne de Mrs. Hudson, la logeuse de Sherlock Holmes.
– Sherlock Holmes Hotel, Baker Street. Une simple enseigne. Aucun rapport avec Sherlock Holmes, si ce n'est d'être situé Baker Street. La même observation vaut pour un restaurant italien, le Ristorante Moriarti (*sic*).
— Station de métro « Baker Street ». Nombreuses décorations murales holmésiennes. Il y existait même un Moriarty's pub, aujourd'hui fermé.

Le pub Moriarty's dans la station de métro de Baker Street a aujourd'hui disparu.

– Murder One, the Crime and Mystery Bookshop, 71, Charing Cross Road. Cette librairie, véritable temple du polar, comporte un rayon spécialement consacré à Sherlock Holmes et aux dizaines de romans apocryphes que son personnage a inspirés.

Dartmoor : Cette région, située dans le comté du Devon à la pointe sud-ouest de l'Angleterre, est l'une des plus désolées, mais aussi des plus romantiques de Grande-Bretagne. En son centre, une prison célèbre. Tout autour, une lande marécageuse et brumeuse, d'une beauté assez glauque, aujourd'hui érigée à la dignité de parc national. Conan Doyle y a situé deux des plus célèbres aventures de Sherlock Holmes : *Le Chien des Baskerville* et *Flamme d'argent*. Au Visitors Center, une plaque, inaugurée par le prince Charles en 1993, le rappelle.

Edimbourg : En 1991, sur Piccardy Place, à côté de sa maison natale, la ville a élevé à Arthur Conan Doyle un monument… sous la forme d'une statue de Sherlock Holmes. Il n'est pas certain que cette initiative lui aurait plu.

Les chutes de Reichenbach.

Suisse

Meiringen : Cette petite ville de l'Oberland bernois, en Suisse allemande, est devenu un lieu de pèlerinage pour les holmésiens depuis que Conan Doyle y a situé, dans *Le Problème final*, la «mort» du héros, disparu avec son ennemi Moriarty dans les chutes de Reichenbach.

Les chutes sont accessibles par un funiculaire dont le départ se trouve à la sortie de la ville. Devant la station, scellée sur un rocher, une plaque apposée par une société holmésienne du Minnesota témoigne de la célébrité internationale de l'endroit. Au sommet, une autre plaque marque le point précis où le duel Holmes-Moriarty est censé s'être déroulé.

La ville de Meiringen possède elle-même une statue de Sherlock Holmes et un musée dédié au grand homme. Curieusement situé dans le sous-sol d'une chapelle désaffecté, il comporte l'inévitable reconstitution du living-room du 221 Baker Street.

Lucens : Cette ville du canton de Vaud à 25 km au nord-est de Lausanne, possède un château, de style gothique et Renaissance, qui a appartenu à Adrian Conan Doyle, le fils d'Arthur. Il y fit aménager sa propre reconstitution du 221 Baker Street, que l'on pouvait visiter avec le restant du château. Mais celui-ci est maintenant fermé au public et l'avenir de cette chambre holmésienne semble incertain.

France

Paris :

– Hôtel du Louvre. Un des rares lieux français mentionnés dans les aventures de Sherlock Holmes. Il intervient dans l'intrigue des *Plans du Bruce-Partington*. Une plaque, apposée dans le hall en 1997, perpétue le souvenir de cet épisode.

– Société Sherlock Holmes de France, 26, avenue de la République, 75011 Paris. Tél. : 01 43 55 96 76

Etats-Unis

San Francisco : L'hôtel Holliday Inn du 480, Sutter Street (attention, il y a plusieurs Holliday Inns dans la ville) possède, au 30e étage, un bar aménagé par des membres d'un club holmésien californien, le Persian Slipper Club (dont le nom fait référence à la pantoufle persane dans laquelle Holmes range son tabac). Comme à Londres et à Meiringen, on peut y admirer une reconstitution du living-room de Holmes et de Watson.

Los Angeles : Un autre club, présidé par l'éminent holmésien Chuck Kovacic, propose sa propre reconstitution du 221 Baker Street à San Fernando Valley. Visite uniquement sur rendez-vous. Tél. : (818) 891 40 69

Hadlyme (Connecticut) : Le « Gillette Castle » a été édifié à partir de 1914 par le créateur au théâtre du rôle de Sherlock Holmes, l'acteur William Gillette, qui en fit sa résidence et y vécut jusqu'à sa mort. Il conçut le moindre détail, aussi bien architectural que décoratif. Dominant un paysage superbe de forêts et de rivières, le bâtiment mérite vraiment le nom de « château ». L'intérieur comporte peu de références directes à Sherlock Holmes, mais le style même de la construction, en pierres appareillées de manière volontairement irrégulière, le donjon, l'isolement dans un cadre naturel assez sauvage, tout contribue à créer une atmosphère d'étrangeté qui évoque l'univers des romans policiers. Aujourd'hui érigé en *State Park*, le château-Gillette est ouvert aux visiteurs.

Le «Château-Gillette», aux Etats-Unis : une architecture insolite.

Japon

Oiwake, Karuizawa : Le plus lointain hommage rendu à Sherlock Holmes, sous la forme d'une statue érigée en 1988.

BIBLIOGRAPHIE

Par définition, la bibliographie ne peut être que très sommaire. La bible en la matière, la *World Bibliography of Sherlock Holmes and Dr Watson*, établie par Ronald B. De Waal dans les années 1970, comprenait déjà plus de 4 000 entrées. Aujourd'hui, il faudrait pour le moins doubler ce chiffre.

Œuvres de Conan Doyle

Arthur Conan a raconté les aventures de Sherlock Holmes dans cinquante-six nouvelles et quatre romans. La meilleure traduction complète actuellement disponible est celle de la collection *Bouquins* (2 vol., Editions Robert Laffont). Une autre traduction est en cours de publication aux Editions du Masque. En anglais, les éditions sont innombrables. Une mention particulière pour *The Annotated Sherlock Holmes* (New York, Wings Books, 1967), avec introduction et notes de William S. Baring-Gould, un des plus éminents holmésiens américains. Un instrument indispensable pour ceux qui souhaiteraient approfondir le sujet. Certains textes sont importants parce qu'ils marquent une étape ou voient l'apparition de personnages essentiels. Ainsi, *Une étude en rouge* est le premier livre paru, celui où nous faisons connaissance avec Holmes et Watson.

Une scène du *Chien des Baskerville* dans la version de 1939.

Holmes meurt dans *Le Problème final*, ressuscite dans *La Maison vide*, mène son ultime enquête dans *Son dernier coup d'archet*. On se souviendra aussi d'*Un scandale en Bohême* qui met en scène Irene Adler. Mycroft, le frère de Sherlock, fait son entrée dans *L'Interprète grec*, le Pr Moriarty dans *Le Problème final*. Paradoxalement, ces œuvres, à l'exception peut-être d'*Un scandale en Bohême*, sont loin d'être parmi les meilleures de la série. Des quatre romans, on s'accorde en général à préférer *Le Chien des Baskerville* et *Le Signe des Quatre*. En ce qui concerne les nouvelles, la question avait été posée sous la forme d'un sondage du vivant de Conan Doyle. Auteur et lecteurs avaient mis en tête de liste *The Speckled Band*, qu'on traduit par soit *La Bande mouchetée*, soit *Le Ruban moucheté*. A notre avis, les douze meilleures nouvelles sont : *La Ligue des Rouquins*, *L'Escarboucle bleue*, *La Bande mouchetée*, *Flamme d'argent*, *Le Rituel des Musgrave*, *Le Traité naval*, *L'Entrepreneur de Norwood*, *L'Ecole du Prieuré*, *Le Manoir de l'Abbaye*, *La Deuxième Tache*, *Les Plans du Bruce-Partington* et *Le Problème du Pont de Thor*. Mais il va de soi que cette sélection est tout à fait subjective.

ŒUVRES ROMANESQUES METTANT EN SCÈNE SHERLOCK HOLMES

La mode des romans «apocryphes» empruntant à Conan Doyle son personnage a commencé, en France, avec trois œuvres de Maurice Leblanc : *Arsène Lupin, gentleman-cambrioleur*, 1907 (nouvelle intitulée : *Herlock Sholmès arrive trop tard*); *Arsène Lupin contre Herlock Sholmès*, 1908; *L'Aiguille creuse*, 1909.
Sans que la frontière soit toujours très nettement établie, on peut distinguer les ouvrages dont la vocation est clairement parodique de ceux qui s'efforcent plus sérieusement de recréer l'ambiance propre aux œuvres de Conan Doyle.

Parodies

Nous nous limiterons aux ouvrages français ou traduits en français.
- *D'un cheveu*, nouvelle de Jean Cordelier parue le 9 novembre 1908 dans le quotidien *Le Matin*. Sous ce pseudonyme se cachait un jeune et talentueux débutant nommé Jean Giraudoux. Texte repris dans *Les Contes d'un matin*, 1952.
- *L'Homme à l'oreille de cire*, in Paul Reboux et Charles Muller, *A la manière de...*, Grasset, 1921.
- Cami, *Les Aventures de Loufock-Holmès*, 1926.
- Thomas Narcejac, *Le Mystère de Nightingale Mansion* in *Usurpation d'identité*, 1959.
- Michael et Mollie Hardwick, *The Private Life of Sherlock Holmes*, Londres, 1970. Traduction française : *La Vie privée de Sherlock Holmes*, Librairie des Champs-Elysées, 1972. Il s'agit de la novelisation du film portant ce titre et dont le scénario était dû à Billy Wilder et I. A. L. Diamond.
- Loren D. Estleman, *Le Dr et Mme Watson chez eux*, «comédie en un acte contre-nature» *(sic)*, in *Le Nouveau Musée de l'Holmes*, Néo, 1989.
- Jô Soares, *O Xangô de Baker Street*, São Paulo, 1995. Traduction française du portugais : *Elémentaire, ma chère Sarah*, Calmann-Lévy, 1997. Un cocktail exotique : le Brésil, Sarah Bernhardt et un Sherlock Holmes dépassé par les événements.

Romans

- Ellery Queen, *A Study in Terror*. Traduction française : *Sherlock Holmes contre Jack l'éventreur*, Stock, 1968. Il s'agit de la novelisation du film distribué en 1965 sous ces mêmes titres et dont les scénaristes étaient Donald et Derek Ford. Toutefois, les deux

créateurs d'Ellery Queen n'ont pas résisté au plaisir d'y ajouter leur marque propre et ont changé le coupable.
- John Gardner, *Moriarty*, Londres, 1974. Non traduit. Pourquoi le sinistre professeur n'aurait-il pas, lui aussi, survécu aux chutes de Reichenbach ?
- John Gardner, *The Return of Moriarty*, Londres, 1974. Traduction française : *Le Retour de Moriarty*, Lattès, 1976. Suite du précédent.
- Philip Jose Farmer, *Le saigneur de la jungle*, 1975. Sherlock Holmes rencontre Tarzan !
- Nicholas Meyer, *The 7 % Solution*, 1975. Traduction française : *La Solution à 7 %*, Robert Laffont, 1976. Un des classiques du genre, avec la rencontre Holmes-Freud. Ce livre a été adapté au cinéma et le film a été distribué en France sous le titre *Sherlock Holmes attaque l'Orient-Express* (!)
- Richard L.Boyer, *The Giant Rat of Sumatra*, Londres, 1976. Peut-être le meilleur apocryphe jamais publié. Inspiré d'une *untold story* : dans *Le Vampire du Sussex*, il est fait allusion à «l'affaire du rat géant de Sumatra, une histoire à laquelle le monde n'est pas encore préparé». Malheureusement non traduit.
- Nicholas Meyer, *The West End Horror*, 1976. Traduction française : *L'Horreur du West End*, Fleuve Noir, 1984. Holmes y rencontre Bram Stoker et Oscar Wilde.
- Loren D. Estleman, *Sherlock Holmes versus Dracula*, New York, 1978. Non traduit. Le sous-titre, *The Adventure of the Sanguinary Count*, est explicite.
- Fred Saberhagen, *The Holmes-Dracula File*, New York, 1978. Traduction française : *Le Dossier Holmes-Dracula*, Pocket, 1994. Une autre confrontation Holmes-prince des ténèbres...
- Michael Dibdin, *The Last Sherlock Holmes Story*, Londres, 1978. Traduction française : *L'Ultime Défi de Sherlock Holmes*, Rivages, 1994. Nouvelle variation sur le thème du duel Holmes-Jack l'éventreur.
- Loren D. Estleman, *Doctor Jekyll and Mister Holmes*, 1979. Cette fois, Estleman passe de Bram Stoker à R. L. Stevenson.
- Michael Hardwick, *Prisoner of the Devil*, Londres, 1979. Traduction française : *Sherlock Holmes et le prisonnier de l'île du Diable*, Balland, 1980. Holmes résout à lui tout seul l'affaire Dreyfus.
- Jean Dutourd, *Mémoires de Mary Watson*, Flammarion, 1980. *Le Signe des Quatre* revu du point de vue de l'héroïne.
- Alexis Lecaye, *Marx et Sherlock Holmes*, Fayard, 1981. Deux célébrités pas vraiment contemporaines, mais avec un Marx très vieux et un Holmes très jeune...
- Cay Van Ash, *Ten Years beyond Baker Street*, New York, 1984. Non traduit. L'auteur a imaginé de confronter Holmes au diabolique Dr Fu-Manchu.
- Paul Jeffers, *Murder most irregular*. Traduction française : *Irrégulier, mon cher Morgan!* Le Masque, 1985. Une curiosité : cette intrigue policière ne met pas en scène Holmes, mais les holmésiens.
- Alexis Lecaye, *Einstein et Sherlock Holmes*, Payot, 1989. Des péripéties d'un baroque inattendu dans le Berne du début du siècle.
- René Reouven, *Histoires secrètes de Sherlock Holmes*, Denoël, 1993. Ce gros volume de 1 000 pages regroupe huit romans holmésiens depuis *Elémentaire, mon cher Holmes* (1982).
- Béatrice Nicodème, *Défi à Sherlock Holmes*, Fleuve Noir, 1993. Holmes et Watson aux prises avec un *serial killer*.
- Nicholas Meyer, *The Canary Trainer*, 1993. Traduction française : *Sherlock Holmes et le Fantôme de l'Opéra*, L'Archipel, 1995.
- Val Andrews, *Sherlock Holmes and the Egyptian Hall Adventure*, Londres, 1993. Non traduit. L'Egyptian Hall, sur Piccadilly, était à l'époque victorienne un théâtre spécialisé dans l'illusionnisme. Du même auteur, dans la même veine : *Sherlock Holmes and the Theatre of Death*, *Sherlock Holmes and the Greyfriars School Mystery*, *Sherlock Holmes and the Houdini Birthright.*
- Laurie R. King, *The Beekeeper's Apprentice*, New York, 1994; *A Monstruous regiment of Women*, New York, 1995. Non traduits. Dans les années 1920, un détective en retraite et sa jeune apprentie.
- William Sell, *Sherlock Holmes and the Titanic Tragedy*, Londres, 1996. Non traduit.
- Keith Oatley, *The Case of Emily V.*, 1993. Traduction française : *L'Affaire viennoise*, Editions du Félin, 1996. Vingt ans après *La Solution à 7 %*, nouvelle rencontre Holmes-Freud.

Un peu en marge de cette liste, deux titres dont le héros n'est pas Sherlock Holmes, mais... Conan Doyle : Mark Frost, *La Liste des Sept*, Plon, 1995; William Hjortsberg, *Nevermore*, Série Noire, 1997.
Un jeu de rôles : *Sherlock Holmes, Le Détective volé*, d'après un roman de René Reouven, Gallimard Jeunesse, 1995.

Marty Feldman (à gauche) et Gene Wilder dans *Le Frère le plus fûté de Sherlock Holmes*, 1975.

Nouvelles
Elles sont si nombreuses qu'on se limitera aux recueils.
Recueils de nouvelles ayant un même auteur :
- Adrian Conan Doyle et John Dickson Carr, *Les Exploits de Sherlock Holmes*, 1954.
Ce recueil, le premier du genre, a été annexé au tome II du *Sherlock Holmes* de la collection *Bouquins.*
- William E. Dudley, *The Untold Sherlock Holmes*, New York, 1983. Série inspirée, comme la précédente, par les «histoires non racontées» par Watson.
- June Thomson, *The Secret Chronicies of Sherlock Holmes*, Londres, 1991. Traduction française : *Les Carnets secrets de Sherlock Holmes*, Le Masque, 1993.
- June Thomson, *The Secret Journals of Sherlock Holmes*, Londres, 1993. Traduction française : *Les Dossiers secrets de Sherlock Holmes*, Le Masque, 1995.
- André-Paul Duchâteau, *Sherlock Holmes revient*, Lefrancq, Bruxelles, 1996.
- Yves Varende, *Sherlock Holmes revient*, Fleuve Noir, 1996. Même titre que le précédent, mais avec la bénédiction du premier auteur...

Anthologies regroupant divers auteurs :
- Jacques Baudou et Paul Gayot, *Sherlock Holmes Mémorial*, Clancier-Guénaud, 1982; *Sherlock Holmes Mémorial 2*, Clancier-Guénaud, 1982; *Le Musée de l'Holmes*, Néo, 1987; *Le Nouveau Musée de l'Holmes*, Néo, 1989. Les meilleures anthologies parues en langue française, avec présentation de chacun des auteurs, pour la plupart anglo-saxons.
- Richard L. Green, *The Further Adventures of Sherlock Holmes*, Penguin Books, Londres, 1985.
- Marvin Kaye, *The Game is afoot*, New York, 1994. Une anthologie très complète contenant quelques raretés, comme des parodies remontant au début du siècle et une nouvelle de Basil Rathbone.
- Mike Resnick et Martin H. Greenberg, *Sherlock Holmes in Orbit*, New York, 1995.
Ce recueil est consacré pour partie à un domaine peu exploré : Holmes dans la science-fiction.
- Marvin Kaye, *Resurrected Holmes*, New York, 1996. Une idée originale, à double tiroir : une série des pastiches holmésiens, écrits non pas dans le style de Conan Doyle, mais à la manière de... Hemingway, Lovecraft, Wodehouse, Dashiell Hammet, Ellery Queen, Mickey Spillane, etc. Une curiosité.

Ouvrages d'holmésologie
Quelques ouvrages récents.
- Michael and Mollie Hardwick, *The Sherlock Holmes Companion*, Londres, 1962.
- Ronald B. De Waal, *World Bibliography of Sherlock Holmes and Dr Watson. A Classified and Annotated List of Materials Relative to their Lives and Adventures*, Boston-New York, 1974.
- Michael Pointer, *The Sherlock Holmes File*, Londres, 1976.
- Chris Steinbrunner et Norman Michaels, *The Films of Sherlock Holmes*, Etats-Unis, 1978.
- H. R. F. Keating, *Sherlock Holmes, the Man and his World*, Londres, 1979.
- Peter Haining, *A Sherlock Holmes Compendium*, Londres, 1980; *The Sherlock Holmes Television*, Londres, 1986.
- Allen Eyles, *A Centenary Celebration*, Londres, 1986.
- Graham Nown, *Elementary my Dear Watson. Sherlock Holmes Centenary, his Life and Times*, Londres, 1986.
- Michael Hardwick, *The Complete Guide to Sherlock Holmes*, Londres, 1986. Traduction française : *Guide complet de Sherlock Holmes*, Encrage, 1997.
- *Sherlock Holmes : le dossier Conan Doyle*, n° 241 du *Magazine littéraire*, avril 1987.
- Michael Pointer, *The Pictorial History of Sherlock Holmes*, Etats-Unis, 1991.
- Philip Weller et Christopher Roden, *The Life and Times of Sherlock Holmes*, Londres, 1992.
- Matthew E. Bunson, *Encyclopedia Sherlockiana*, New York, 1994.
- Loïc Ravenel, *Les Aventures géographiques de Sherlock Holmes*, Larousse, 1994.
- Pierre Nordon, *Tout ce que vous avez voulu savoir sur Sherlock Holmes sans l'avoir jamais rencontré*, Le Livre de Poche, 1994.
- Thierry Saint-Joanis, Alexis Barquin, Pierre Bannier, *Sherlock Holmes*, DLM, 1997.

On signalera également trois livres qui tentent de reconstituer une biographie complète de Sherlock Holmes, mais en empruntant une forme plus ou moins romanesque :
- William S. Baring-Gould, *Sherlock Holmes of Baker Street : a Life of the First Consulting Detective*, New York, 1962. Traduction française : *Moi, Sherlock Holmes*, Buchet-Chastel 1964 (réédité par Encrage, 1992).
- Jean-Jacques Sirkis, *La Grand-Mère de Sherlock Holmes*, Séguier, 1995.
- June Thomson, *Holmes and Watson*, 1995. Traduction française sous le titre bizarrement inversé de *Watson et Holmes*, Le Masque, 1996.

Presse
Il existe une abondante presse holmésienne. La plupart des périodiques sont édités par des clubs et associations. C'est le cas du *Sherlock Holmes Journal*, revue trimestrielle de la Sherlock Holmes Society of London ou de l'*Ironmonger Daily Echo*, organe de la Société Sherlock Holmes de France (qui, malgré son titre, n'a rien d'un quotidien). Indépendante des clubs, il existe en Angleterre une revue mensuelle, la *Sherlock Holmes Gazette*.

FILMOGRAPHIE

Affiche anglaise de *Elémentaire mon cher... Lock Holmes.*

Comme la bibliographie, la filmographie sera, par la force des choses, réduite aux titres essentiels :
Cinéma
- *Sherlock Holmes* (USA, 1922, muet), d'Albert Parker, avec John Barrymore et Gustav von Seyffertitz.
- *Le Chien des Baskerville* (*Der Hund von Baskerville*, Allemagne, 1929), de Richard Oswald, avec Carlyle Blackwe.
- *Sherlock Holmes* (USA, 1932), de William K. Howard, avec Clive Brook et Reginald Owen.
- *Silver Blaze* (Grande-Bretagne, 1936), de Thomas Bentley avec Arthur Wontner et Ian Fleming.
- *Der Mann, der Sherlock Holmes war* (Allemagne, 1937), de Karl Hartl, avec Hans Albers et Heinz Rühmann.

- *Le Chien des Baskerville* (*The Hound of the Baskervilles*, USA, 1939), de Sidney Landfield, avec Basil Rathbone, Nigel Bruce, Lionel Atwill.
- *Les Aventures de Sherlock Holmes* (*The Adventures of Sherlock Holmes*, USA, 1939), d'Alfred Werker, avec Basil Rathbone, Nigel Bruce, Ida Lupino et George Zucco.
- *Le Chien des Baskerville* (*The Hound of the Baskervilles*, Grande-Bretagne, 1959), de Terence Fisher, avec Peter Cushing, André Morell et Christopher Lee.
- *Sherlock Holmes et le collier de la mort* (*Sherlock Holmes und das Halsband des Todes*, Allemagne, 1962), de Terence Fisher et Frank Winterstein, avec Christopher Lee.
- *Sherlock Holmes contre Jack l'éventreur* (*A Study in Terror*, Grande-Bretagne, 1965), de James Hill, avec John Neville, Donald Houston, Anthony Quayle et Robert Morley.
- *La Vie privée de Sherlock Holmes* (*The Private Life of Sherlock Holmes*, USA/Grande-Bretagne, 1970), de Billy Wilder, avec Robert Stephens, Colin Blakely, Christopher Lee et Geneviève Page.
- *Le Rivage oublié* (*They might be Giants*, USA, 1972), d'Anthony Harvey, avec George C. Scott et Joanne Woodward.
- *Le Frère le plus futé de Sherlock Holmes* (*The Adventure of Sherlock Holmes' Smarter Brother*, USA, 1975), de Gene Wilder, avec lui-même, Marty Feldman, Douglas Wilmer.
- *Sherlock Holmes attaque l'Orient-Express* (*The Seven Percent Solution*, USA, 1976), de Herbert Ross, avec Nicol Williamson, Robert Duvall, Laurence Olivier et Vanessa Redgrave.
- *Meurtre par décret* (*Murder by Decree*, Grande-Bretagne, 1979), de Bob Clark, avec Christopher Plummer, James Mason, Geneviève Bujold, Donald Sutherland, David Hemmings, Anthony Quayle et sir John Gielgud.
- *Le Secret de la Pyramide* (*Young Sherlock Holmes*, USA, 1985), de Barry Levinson, avec Nicholas Rowe, Alan Cox et Anthony Higgins.
- *Elémentaire mon cher... Lock Holmes* (*Without a Clue*, Grande-Bretagne, 1988), de Thom Eberhardt, avec Michael Caine et Ben Kingsley.

John Barrymore (à gauche) dans *Sherlock Holmes* (1922).

Télévision
Par souci de simplification, les téléfilms seront cités en indiquant en tête le titulaire du rôle de Sherlock Holmes :
- Ronald Howard, *The New Adventures of Sherlock Holmes* (USA, 1954-55), 39 épisodes.
- Douglas Wilmer, *Sherlock Holmes* (Grande-Bretagne, 1964-65), 13 épisodes.
- Peter Cushing, *The Cases of Sherlock Holmes* (Grande-Bretagne, 1968), 16 épisodes.
- Henri Virlojeux : rôle d'Herlock Sholmès dans plusieurs épisodes de *Arsène Lupin* (France, 1971-74), avec Georges Descrières dans le rôle-titre.
- Stewart Granger, *The Hound of the Baskervilles* (USA, 1972).
- Leonard Nimoy, *The Interior Motive* (USA, 1975).
- Roger Moore, *Sherlock Holmes in New York* (USA, 1976).
- Christopher Plummer, *Silver Blaze* (Grande-Bretagne, 1977).
- Geoffrey Whitehead, *Sherlock Holmes and Dr Watson* (USA, 1979), 24 épisodes.
- Ian Richardson, *The Hound of the Baskervilles* et *The Sign of Four* (Grande-Bretagne, 1983).
- Peter Cushing, *The Masks of Death* (Grande-Bretagne, 1984).
- Jeremy Brett (Grande-Bretagne), 40 épisodes regroupés en quatre séries : *The Adventures of Sherlock Holmes* (1984-85), *The Return of Sherlock Holmes* (1986-88), *The Casebook of Sherlock Holmes* (1991), *The Memoirs of Sherlock Holmes* (1993-94).
- Edward Woodward, *La Main de l'Assassin* (*Hands of a Murderer*) (USA, 1990).
- Christopher Lee, *Sherlock Holmes and the Leading Lady* (USA, 1990) et *Incident at Victoria Falls* (1991).
- Charlton Heston, *Sherlock Holmes et la Croix du Sang* (*Crucifer of Blood*) (USA, 1991).

TABLE DES ILLUSTRATIONS

CHAPITRE II

CHAPITRE III

CHAPITRE IV

58b Papier d'emballage d'oranges espagnoles. Coll. part., Paris.
59g Manifestation holmésienne en Suisse, aux chutes de Reichenbach, 1995. Coll. part., Paris.
59d Bock de bière à l'effigie de Sherlock Holmes. Coll. Lancelyn Green.
60 «Murder party» reconstituée par des holmésiens français. Photo Xavier Mauméjan.
61 Edgar W. Smith parmi les Baker Street Irregulars, vers 1960. Coll. Lancelyn Green.
62 Enseigne du Sherlock Holmes Museum à Londres. Photo O. Roques-Rogery.
63h Ancienne enseigne du pub Sherlock Holmes. Coll. Lancelyn Green.
63b Caricature. Coll. Lancelyn Green.
64 Boutique de souvenirs holmésiens à Londres. Photo M. Mailarevsky.

TÉMOIGNAGES ET DOCUMENTS

65 Carte postale.
66 «The Ghost of Sherlock Holmes», partition. Coll. Lancelyn Green.
67 Reconstitution du 221b Baker Street au château de Lucens, en Suisse. Coll. Lancelyn Green.
69 Invitation de 1954 pour le banquet des Baker Street Irregulars. Coll. Lancelyn Green.
70 *Penny Illustrated Paper*, presse populaire anglaise. Coll. Peter Jackson.
71 Eille Norwood dans le rôle de Sherlock Holmes.
72 Holmes, Watson et l'inspecteur Lestrade, dessin de Paget dans le *Strand* pour *The Adventure of the Norwood Builder*.
73 Moriarty, dessin de Paget dans le *Strand*.
75 Nigel Bruce et Basil Rathbone dans *Le Chien des Baskerville* de Sidney Landfield, 1939.
76-77 Michael Caine et Ben Kingsley dans *Elémentaire mon cher… Lock Holmes*, de Tom Eberhardt, 1988.
78 Pèlerinage d'holmésiens anglais en Suisse. Coll. Lancelyn Green.
79 Le pub Sherlock Holmes, Northumberland Street à Londres. Coll. Lancelyn Green.
81 Le pub Moriarty's, à la station de métro Baker Street.
82 Les chutes de Reichenbach, gravure. Coll. Peter Jackson.
83 Le Château-Gillette. Coll. part., Paris.
84 Scène du *Chien des Baskerville*, version de 1939.
85 Affiche pour *A Study in Terror* (*Sherlock Holmes contre Jack l'éventreur*), 1965.
87 Scène du film *Le frère le plus fûté de Sherlock Holmes*, avec Marty Feldman et Gene Wilder.
88 Affiche de *Without a clue* (*Elémentaire mon cher… Lock Holmes*) de Tom Eberhardt, 1988.
89 Scène de *Sherlock Holmes*, 1922, avec John Barrymore.
92 Le musée du Crime à Scotland Yard, Illustrated London News, 1883.

INDEX

Titres d'œuvres de Conan Doyle mettant en scène Sherlock Holmes

CRÉDITS PHOTOGRAPHIQUES

Archive Photos France 76-77, 87. British Film Institute Department of Stills, Posters and Designs 47b, 48, 49, 50, 51h, 51b, 75, 84, 85, 88, 89. D. R. 15b, 18b, 19b, 28-29, 32, 33, 33d, 35d, 38h, 38b, 39h, 39b, 40hd, 41, 45h, 46, 47h, 53, 56, 56-57, 57, 58b, 59g, 60, 65, 72, 73, 81, 83, 92. Archives Gallimard 15h. Granada Television 52. Hulton Getty 24. Peter Jackson, Londres 20hg, 20hd, 20mg, 20md, 20b, 21h, 21b, 22g, 22d, 70, 82. Kharbine/Tapabor 27, 40hg. Collection Lancelyn Green, Londres 1er plat, 2e plat, dos, 1, 2, 3, 4, 5, 6, 7, 9, 10, 11, 12h, 12b, 13, 16h, 16b, 17g, 17d, 18h, 19h, 23, 25h, 25b, 26, 28, 30h, 30d, 31h, 31b, 34, 35g, 36, 37h, 37b, 42, 43, 44, 45b, 48-49, 55, 58h, 59d, 61, 63h, 63b, 66, 67, 69, 71, 78, 79. M. Maliarevsky 54, 64. Royal College of Surgeons, Edimbourg 14. Sygma/O. Roques-Rogery 62. Roger-Viollet 40b.

REMERCIEMENTS

L'auteur tient à remercier la Société Sherlock Holmes de France et notamment son président et fondateur Thierry Saint-Joanis, Xavier Mauméjan et Roland Nicolas, qui lui ont prêté des documents précieux pour la rédaction comme pour l'illustration de cet ouvrage.

Les Editions Gallimard remercient Richard Lancelyn Green, Peter Jackson, Catherine Cooke de la Marylebone Library.

ÉDITION ET FABRICATION

DÉCOUVERTES GALLIMARD
DIRECTION Pierre Marchand et Elisabeth de Farcy.
DIRECTION DE LA RÉDACTION Paule du Bouchet.
GRAPHISME Alain Gouessant.
FABRICATION Claude Cinquin.
PROMOTION & PRESSE Valérie Tolstoï.

ENQUÊTE SUR SHERLOCK HOLMES
EDITION Nathalie Palma.
MAQUETTE Karine Benoît (Corpus), Jacques Le Scanff (Témoignages et Documents).
ICONOGRAPHIE Suzanne Bosman et Sandrine Toutard.
LECTURE-CORRECTION Jocelyne Marziou et Catherine Lévine.
PHOTOGRAVURE Compo Galliéni (Corpus), Arc-en-Ciel (Témoignages et Documents).

Table des matières